右上：アグラーの南インドレストラン、ダサープラカーシュにて。右下：椅子も机もない小学校では、短く削られて２cm ほどしかない鉛筆を大事に使っていた男の子に感動。中上：マンダワにて、ハーヴェリーに施されたフレスコ画の修復作業を目撃。中下：最も手軽な交通手段であるオートリキシャの運転手には度々騙された。左上：ラジャスターン周遊中に、踏み切りで20分もの足止めを食らい、屋根の上にまで乗客が溢れ出た列車を見送ったことも。左下：ただひたすら砂漠を傍目に行く旅の途中、沿道の食堂にてチャパティーを焼く光景に遭遇

上：湖に臨むウダイプールのシティパレスはラジャスターン州最大の宮殿であり、内部は美術館として開放されている。下：世界遺産にも登録されているラダックのチベット仏教寺院バスゴゴンパには巨大な弥勒菩薩がある

上：レイクピチョラーに浮かぶ白亜の宮殿ホテル、レイクパレスは、かってウダイプールのマハラナが夏季の避暑用に建てたもの。左下：高度3000m以上だというラダックの乾いた空気と紺碧の空の下、果てしない道が続く

上：緑が生い茂るクンバルガルの36km に及ぶ城壁は、万里の長城に次いで世界で２番目の規模を誇る。下：砂漠の都ジャイサルメールでは、ラクダに乗って砂丘へ。沈みゆく夕日を静かに眺め、いつしか輝き出す星を待つ

上：ヴァラナスィにて。生活排水も、屍も、遺灰も、し尿も全て飲み込んで流れるガンジス河では、人々が沐浴し、口をすすぎ、食器を洗う。下：黄砂岩のジャイサルメール城塞内でラジャスターンの民族音楽を奏でる子供

インド一人旅の軌跡

● 1回目
2005年8月2日〜9月8日

● 2回目
9月30日〜10月27日

● 3回目
12月1日〜12月13日

● 4回目
12月21日〜2006年1月4日

インド旅行記 1

北インド編

中 谷 美 紀

幻冬舎文庫

インド旅行記 1

北インド編

中谷美紀

目次

まえがき

あの時期、私は精魂共に尽き果て、完全に疲弊していた。「嫌われ松子の一生」という映画を撮り終えて間もない頃だったのだ。

他人の感情や価値観を媒介となって取り込み、そして吐き出すという撮影の日々に少しは慣れたつもりでいたけれど、それはごく稀《まれ》にアイデンティティー喪失の危機をもたらす。

もう、何もできない。何もしたくない。そんな思いを振り切るように、飛行機に飛び乗り、前進せざるを得ない状況にこの身を投げ入れた。

なぜインドだったのか。本場でヨガを体験してみたいというのが、脱力状態だった当時に残った一縷《いちる》の望みであり、「嫌われ松子の一生」で、ひとりの女性の流転の人生を演じたことなんて簡単に忘れてしまうくらい強烈な場所に行かなければならないとも思いつつ、更には他人に運命を定められることにうんざりしていたもので、まるで自ら運命を選び取ったかのような錯覚を抱いてインドを目指したのである。

いざ彼の地へ足を踏み入れてみると、想像を遥《はる》かに凌《しの》ぐハプニング続きで、たかだか映画一本の撮影を終えたくらいで疲れたなどと言ってはいられないほど、無秩序で壮絶な現実が目の前に横たわっていた。

縦横無尽に入り乱れる車やオートリキシャ、人、牛。路上で暮らす家族や、絶えずやってくる物乞い。炎天下に冷却設備なしで売られる鮮魚や肉。ハエの群集と共に口にする食事……。

しかし、遭遇する出来事に、いちいち目を見開いて驚くよりも、日本では有り得ない人々の習慣や光景をただただ観察し、受容するということが必要だったのだろう。

映画の撮影現場で、与えられた役柄の感情をカメラに向かって表現していた日々から、旅先で、自らの感情を日記に綴《つづ》る日々へと変化し、映画よりもドラマチックな毎日を文章にすることで、己の立ち位置を確認しながら過ごしていたような気がする。

ある映画の撮影で疲れてしまった女優の個人的な目線という、偏ったフィルターが介在していることは、否めないものの、多種多様な価値観が混在するインドのほんの一部分を本書で味わっていただければと存じます。

平成18年6月27日　中谷美紀

8月2日　初めてのインドへ出発

7月22日に慌ててインド大使館へ行き、ビザを申請した。午前中に簡単な書類と写真、パスポートを提出し、夕刻には受け取ることができた。

ガイドブックによると予防接種は法的には必要ないとのことだが、今でもコレラや赤痢《せきり》、黄熱病、A・B・C型肝炎、破傷風、マラリアなどに罹患《りかん》する可能性がゼロではないらしい。友人の勧めもあり、保健所に問い合わせてみると、少なくとも3ヶ月前には接種をしなければ意味がないとのことだったので、旅行中の健康は、「運に任せてなるようになれ」という気持ちで、旅立ちを決めた。

立派なスーツケースを携えて行っても悪目立ちして狙われそうなので、Patagoniaで購入したナイロンのキャリーケースに130リットル分ぎっしり荷物を詰め、ファスナーのたくさんついたデイパックを担いで行くことにした。

女性は肌の露出を避けるようにとのことから、用意した洋服は着古した麻のパンツを白、ベージュ、茶と3本、Tシャツを3枚、カットソーを3枚、長袖のブラウスを1枚、ヨガ用のパンツを2本、部屋着用のタンクトップや短パンを数着、そしてha vaianasのビーチサンダル。これだけでキャリーケースの3分の1ほどになった。

あとのスペースには胃腸薬、ビタミン剤、虫除け、蚊取り線香、かゆみ止め、サプリメントなどの常備薬のほか、化粧品、大量のポケットティッシュ、消毒用のアルコールを含んだウエットティッシュ、携帯用の消毒スプレーなど、日々必要になるであろう品々を小分けにして入れた。加えて1ヶ月間の旅に耐え得るだけの本、CD、わずかなDVDもキャリーケースの隙間《すきま》を見つけてねじ込んだ。

無精者の買い物嫌いゆえ、大きな百貨店などに行こうものなら眩暈《めまい》がして、1時間もいられないのだけれど、今回に限っては身の安全を確保するべく、めったに行かない東急ハンズなどに行って、ダイアルロックや貴重品入れなどを物色した。

背中側にファスナーがついており、背負ってしまえば誰からも触れられることなく貴重品をしまっておけるデイパックもこのときに購入したものである。さほど大きくないメインスペースにはコンピューター、電子辞書、ガイドブック、文庫本2冊に、旅程表や筆記用具を入れ、いくつかついたポケットの中には、いつでも取り出しやすいように2日分くらいのティッシュペーパーと、除菌用ウエットティッシュ、消毒スプレー、ハンカチ、そして予備のダイアルロックを入れた。

かねてから旅はひとりで行くものだったから、自らを危険に陥れるような行動は謹んできたつもりだったけれど、果たして何が起こるかわからない。3日で嫌になって帰ってくるかもしれないし、近所のタイやベトナムに逃げ込むかもしれないけれど、ひょっとするとあまりの居心地のよさに、今持っているものを全て投げ捨てて住み着いてしまう可能性だってあり得る。とりあえず、何が起こってもジャッジをせずに受け止めてみようではないか。

遠藤周作著の『深い河』を再び読んでみたりして、「インドに行くぞ!」という気分を盛り上げつつ8時間のフライトを過ごす。滑稽《こっけい》なまでに聖なるものへの強い憧れを持った男と、そんな男を蔑《さげす》み、嘲笑《ちょうしょう》の対象にしつつも、どこかで惹かれていく気持ちを自分でもどう解釈してよいのかわからない女の距離感がグッとくる。

着陸までの数時間は、映画「嫌われ松子の一生」の打ち上げの際に、メイクアシスタントの奈々ちゃんからいただいた妹尾河童著の『河童が覗いたインド』を読んで過ごすことに。表紙をめくると、「旅の話しかしなくなった中谷さんへ」といって、簡潔ながら愛のある手紙が添えてあった。

旅の途中にこうした手紙を読むと、急にセンチメンタルな気分になるもので、やっぱり東京へ戻ろうかなんて思ってしまった。しかし、ひとたびページをめくると、少年のように好奇心旺盛な妹尾氏の無邪気かつ微細なことまで見逃さない執拗《しつよう》な目線で描かれたインドの姿に夢中になって、感傷に浸っているどころではなかった。

初めて彼の地に足を踏み入れるところから始まっているので初心者にはありがたく、丁寧《ていねい》な説明と精緻な画《え》によって、インドに行かずして知ったような気分になりつつ、実際に自分の目で確かめたくもなる。真剣に読みふけりつつも、クスクス笑えたりもして、あっという間に時間が過ぎ、気がつくとデリーに着いていた。

迎えに来てくれたグプタさんの案内のもと、駐車場へと向かった。どうやらこの国ではガイドさんが運転手を兼任することはないらしく、車の中には、初老の運転手さんが待っていた。

むっとするような暑さとガラムの香りが、インドに降り立って初めての印象である。アジア圏の他国と変わらず、バイクや車、自転車、年季の入ったサリーを着た物売り、更には牛までが入り混じった道路を、日本では考えられない乱暴なドライビングテクニックで切り抜ける運転手さんにこの身を預けて、ホテルまでの道を行く。

早速、ガイドのグプタさんがインドについての簡単な説明をしてくれた。大半はガイドブックにも書いてある、宗教のことや、カースト制度のこと、マハトマ・ガンジーのことなどだったけれど、多くの人間がなんらかの宗教に属しているこの国で、彼は無宗教だけれどベジタリアンであるという話に興味を抱いた。

「ベジタリアンは身体《からだ》にいいだけじゃなくて、脳の使い方にもとってもいいんです。ベジタリアンはあまり争いごとをしません。お肉を食べる人たちが喧嘩《けんか》をします。寄生虫にしても、野菜についている寄生虫は人間にさほど影響を与えませんが、お肉を宿主にする寄生虫にあたると、ひどいことになります」

確かに、野菜のみを食べたときよりも、肉を口にすると活力が湧《わ》くけれど、そのぶんイライラしやすくなるような気もするような、しないような……。自分で選択できるときには動物性たんぱく質は少なめに、野菜や魚を中心にしているけれど、私はベジタリアンではないので特に禁忌は設けていない。

しかし、動物性たんぱく質に頼らないグプタさんのような男性でも、痩《や》せているわけでもなく健やかに過ごしているのを見ると、今回の旅を一切肉抜きで過ごしてみようかなどと考えてしまうあたり、素直なのか、安直なのか。

途中停車してマーケットに寄り、グプタさんだけを頼りに大勢の人や野良犬が右往左往する薄暗い道を恐る恐る歩み、プリペイド式の携帯電話を買うべく1軒のショップに入った。だがNOKIAの機種に決めた後、購入までにずいぶんと時間がかかった。

イスラム教徒とヒンドゥー教徒との間で争いが絶えず、特にインドとパキスタンの関係が緊張状態にあるために、顔写真や身分証明書なしでは携帯電話を購入できない仕組みになっているらしい。幸い、グプタさんが持ち歩いていたご自身の写真を差し出して、彼名義で購入してくれることになった。

ホテルのロビーで今後の旅程についてグプタさんから説明を受け、国内線の飛行機や鉄道のチケット類を全て受け取った。果たしてインドの一人旅は人が言うほど危ないのだろうか？

「保証はできませんが、やはり危ないです。特に女性の一人旅は危ないと思ってください」と言われてしまった。

「僕が関《かか》わっている仕事では、女性の一人旅はあまりないです。夜は絶対に出歩かないことと、電車の中が一番危ないですから、食べ物や飲み物は、売っていても、もらっても、電車では絶対に口にしないでください。睡眠薬を入れられて何をされるかわかりませんから」

ええ？　私が電話でやり取りをした東京の旅行代理店の方は、電車の中は安全だって言っていたのに、実際には「何をされるかわかりませんから」ですって。

いよいよインドが恐ろしい国に思えてきて、到着早々帰りたいと思った。だが近くのソファーに座っていた日本人の若い女の子ふたりが、猫が鳴くような高い声で、インド人の男性と嬉《うれ》しそうに話しているのを見て、この声のせいで日本人は甘く見られるのだと改めて思い、この旅行中、できる限り低い声で話すことと、自分の意見をはっきり言えると評判の韓国人のフリをすること、そして既婚者であると偽ることを自らに課した。

空腹を満たすため、荷を解いてすぐに階下のインド料理レストランへ赴いた。まずはベジタリアンのグプタ氏に倣《なら》ってベジタブルタリー（野菜カレー定食）を注文し、今度は「お酒は人間を駄目にします」と言っていたグプタさんに逆らって、ビールを1本だけ飲むことにした。

ビールと一緒に、パパルという、油で揚げた薄いお煎餅のようなものが出され、パリパリと食べながらタリーが来るのを待った。ほどなくして現れたタリーには黒いレンズ豆の煮物と、ジャガイモと野菜のカレー、カリフラワーのカレー、ほうれん草とカッテージチーズのカレー、そしてダヒーというヨーグルトに野菜がはいったもの、ミルクを煮詰めて作ったデザートのようなミール、シシカバブーもどきのベジタブルケバブ、生野菜、ご飯がついていた。

パンは、お馴染《なじ》みのナンや油で揚げたプーリなどの中から好きなものを選べるので、無酵母のチャパティーにしてみた。ナンはモチモチとしておいしいのだけれど、それだけでお腹がいっぱいになってしまうので、個人的にはさっぱりしたこのチャパティーが気に入っている。

ヨーグルトと生野菜こそ、体調を気遣って手をつけなかったものの、そのほかのものは全ておいしかった。肉も魚も一切使っていないのに、各々《おのおの》の味は似通うことなくバラエティー豊かなものだった。こんなにもおいしく創意工夫に富んだ食べ方ができるのなら、ベジタリアンを貫いてみるのも決して悪くないと思えた、インドでの初めての食事だった。

8月3日　「根掘り葉掘り」のインド人と格闘

6時半起床で、朝食を1階のカフェテリアにて摂《と》る。

通常は朝食がわりに豆乳と青汁を混ぜたものを飲んで済ませるのだけれど、この先何が起こるかわからないので、とりあえず食べておくことにした。ビュッフェコーナーには西洋風のハッシュドポテトやソーセージなどに混じって、インド風の朝食もあったので、そちらを選んだ。

月桂樹の葉が入って酸味と辛味のきいたサンバルという野菜のスープに、インド風のこれもまた月桂樹の葉が入って酸味が少しあるイドリー（米でできた蒸しパンのようなもの）をワンセットで食べるらしいのだが、このカフェテリアの味付けが悪いのか、私の好みに合わないのか、決しておいしいといえるものではなかった。

しかし、後に見つけた、ジャガイモとクミンシードとコリアンダーの入ったバジーというスープカレーのようなものは、日本のカレーに似て食べやすかった。

腹ごしらえが済んだところで、ヴァラナスィへ移動すべく、迎えに来てくれたグプタ氏と合流した。空港までは車で1時間くらいかかっただろうか？　その間もグプタさんは、デリーが世界の首都の中でも最も緑が多いということや、今の大統領が50パーセントほどしかない就学率を上げるために奔走していることなどを話してくれた。

空港で別れ、搭乗のアナウンスを待つ椅子には、色とりどりのサリーを着たふくよかな女性たちが座っている。年老いた女性ですら、ターコイズブルーのサリーやショッキングピンクのサリーを身に着けている。日本では奇抜なおばあさん扱いされてしまうであろう派手な身なりも、明るい太陽の下では、褐色の肌によく合って素敵に見えた。

1時間強のフライトは、少々揺れがきつかったけれど、瞑想《めいそう》をしてなんとか平常心を保つ。ジェットエアウェイズは、インド国内の他社に比べてサービスがよいことで知られ、短時間のフライトでも必ず機内食が振る舞われる。今回は、空腹を感じなかったのでパスしたものの、隣席の女性のトレーを覗《のぞ》くと、サンドイッチとマンゴージュースだった。

ヴァラナスィの空港に着くと、手荷物受け取り所からタクシーの勧誘が執拗に迫ってくるけれど、20キロくらいの荷物は自分で引き上げられるし、迎えのスタッフも来ていることを承知していたので、全て無視して外へ出た。

ホテルまでの道すがら、街路樹が白と赤茶に塗られているのはなぜだろう？　赤茶を真ん中に、白い帯状のペンキが上下に塗られており、何かの祭祀で使ったのだろうかと思いきや、何のことはない、街灯のないこの街を車で走るには、ライトに反射する目印が必要だとのこと。

ラディソンというホテルに到着して、午後2時30分からの観光までは自由行動となった。

昼食は24時間営業のカフェテリアで、イエローレンズ豆のスープ、ダールマカルニ（ブラックレンズ豆の煮込み）、アルーダムヴァラナスィ（ジャガイモをメインに、タマネギ、ピーマン、トマトなどを煮込んだカレーでコリアンダーが入っている）にチャパティーをつけてもらう。インドの食事ではパン類（無酵母のチャパティー、日本でもお馴染みのナン、油で揚げたプーリなど）を食する際にどうしても手を使わざるを得ないので、滅菌用のウエットティッシュで何度も手を拭《ふ》きながら食事をした。

実際には、そこまで神経質になる必要もないのかもしれないけれど、臆病《おくびょう》者の私は、常に赤痢やコレラに怯《おび》えながら、細心の注意を払って身を守るのであった。

インド料理に関して述べるなら、このホテルの味付けは、スパイスの加減も、煮込み加減もすべてほどよい。特にジャガイモの舌触り、味の染み込み方、他の野菜との調和は絶品で、焼きたての薄いチャパティーとの相性も非常によかった。

部屋で少々休憩をした後、今度は日本語ガイドのライさんが迎えに来てくれて、ヴァラナスィから20キロほどのサールナートへ行くことに。仏陀が悟りを開いた後に5人の弟子たちを集めて初めて説法をした場所で、鹿野苑《ろくやえん》とも呼ばれており、インド四大仏跡のひとつになっている。

私は仏教徒ではないし、いかなる宗教に属するつもりもないけれど、各宗教について知りたいという欲求は少なからずあるので、この国にいる間、数々の寺院や宗教関連施設を訪れることになりそうだ。

1931年にスリランカ人によって建てられたという大菩提寺《ぼだいじ》には、大きな菩提樹が祀《まつ》られている。ブッダガヤーの菩提樹の下で仏陀が悟りを開いたのは有名な話だが、その菩提樹の種がスリランカに渡り、今では大木になっているという。そしてこの大菩提寺を建造した際にスリランカより同じ菩提樹の枝をインドへ再び持ち込み、植えたものだという。

白い衣を身に纏《まと》ったスリランカの人々が巡礼に訪れ、敬虔《けいけん》な態度でそこにひれ伏すのを見て、観光気分でブラブラしていることを申し訳なくも思ったが、実際観光なのだから仕方がない。

大菩提寺のすぐ近くには、B.C.3世紀からA.D.12世紀まで24あったという仏教の修道僧院の遺跡がある。これらの修道僧院は12世紀にイスラム教徒たちの侵略によって破壊され、18世紀までは森に変わっていたところを、イギリス人によって発掘され、現在見える形になったという。

「ふぅ〜ん」とか「へぇ〜」とか「なるほどぉ」などと、ライさんの説明を聞きながら歩いているそばから、子供たちが絵葉書や小さな仏像を持って売りに来る。就学年齢にも満たない子供たちがつぶらな瞳と褐色の肌に映える白い歯を見せながら笑うのを見ると、ついつい絵葉書を買うことになった。冊子になっているタイプの写真葉書を「50ルピー」と日本語で差し出すけれど、日本円にして１５０円もするはずがないと思い、「30ルピーならいいよ」と言うと、「ノープロフィット！　50ルピー」と言い張る。「それではいらない」と帰る素振りをすると「ＯＫ！　30ルピー」と言って、嬉しそうな顔を見せた。

　こんな子供でも観光客相手に商売をしないと生きていけないのか、よほど親が怠け者なのか、いずれにしても必死なのだろう。何もしてあげられないし、何が彼らにとって救いになるのかもわからない。ただお金をばら撒《ま》けばいいとは思っていないけれど、絵葉書は自分にとっても必要なものだったから、フェアトレードになったかどうかわからないけれど、よしとしよう。

鹿野苑には今でも150頭ほどの鹿がおり、ここでもまた、子供たちが鹿の餌《えさ》を売りに来るが、これはパス。

近隣の博物館には、サールナートで発掘された仏教関連の出土品と、ヒンドゥー教関連の出土品が展示されている。

「こうしたものは、全てイスラム教徒によって破壊されました。お坊さんもたくさん殺されました」

イスラム教徒に対する憎しみにも似た感情を時折見せながらライさんが言う。

「インドでは、ヒンドゥー教徒も仏様にお祈りします。なぜなら、仏様、仏陀はヴィシュヌ神の生まれ変わりだと考えられているからです。インドには他にもスィーク教、ジャイナ教がありますが、皆ヒンドゥー教から出たものです。ヒンドゥー教、スィーク教、ジャイナ教、仏教間には喧嘩がありませんが、イスラム教とヒンドゥー教が喧嘩します」ライさんの宗教を尋ねてみると、「私はヒンドゥー教徒です。毎日2時に起きてシャワーを浴び、家の中にあるお寺でお祈りします。それからヨガを45分くらいしてからチャイを飲んで仕事に行きます」とのことで、この国では90パーセントの人々がなんらかの宗教に属しており、神々が生活に密着しているらしい。

女性たちの多くは額にビンディをつけ、真ん中分けにした髪の分け目には赤い粉で筋を描いている。頭に被《かぶ》ったサリーから覗くその姿はとても美しく、ファッション誌でもインドの女性を模して髪の分け目に赤い筋を入れた写真をよく見かける。

「あれは、南インド特有のもので、結婚した女性の象徴です。他の男性と話をしないためです。インドでは、学校で男女が席を共にすることがありません。ですからほとんどが見合い結婚で、親が決めた相手と結婚する日まで顔も合わせません。結婚したら、ああして、赤い筋を入れて皆に示します」

親が決めた相手と会ってみてどうしても嫌だったらどうするのかしら？　私だったら、挙式のその日に逃げ出すでしょうね。

埃《ほこり》っぽく狭い道を行きながら、ライさんはカーストについてもよく触れる。

「あの、掃除をしている女の人、あれはカーストの一番低い人、アンタッチャブルです」とか、「あの乞食の人たちも、カーストが一番低い人たちです。アンタッチャブルです」

かつては不可触民と呼ばれ、今はハリジャン（神の子）と呼ばれる人々を観光客に見せるところから、恐らく位の高い人なのだろうと思ったけれど、こちらが尋ねる前に、

「この白い紐《ひも》を首にぶら下げている人がバラモン。カーストで一番位の高い人です」

と言って、自らその紐を見せてくれた。ある年齢に達するとヒンドゥー教の僧侶から祝福を受け、授与されるのだという。

「今はカーストはありません。バラモンでも貧乏な人はいますし、アンタッチャブルでも、大学に行けます。政治家にもなれます。お金持ちもいます」

とは言うけれど、ライさんの言葉の端々からは、無意識のうちに差別をしていることが感じられるし、社会全体も完全なるカースト制度のもとに成り立っているように見える。

バラモン（僧侶）、クシャトリア（王、武士）バイシャ（市民）、スードラ（奴隷）という大枠の中には、さらに細分化された何千ものカーストが存在するという。それぞれの生まれは前世での行いに起因しているといわれ、生まれついたカーストを出ることは、女性にのみ婚姻によって可能だが、ほとんどの場合、他のカーストと交わることはないという。

人間が定めたカーストという制度によって、人間の価値まで定められてはたまらないと憤りを覚えるものの、よそから来た人間にはヒンドゥー教の輪廻《りんね》思想と密接に繋《つな》がったその根深い仕組みについて触れるだけの知識も術《すべ》もないので、「それがこの国のありのままの姿なのだ」と捉《とら》えるよりほかないのだろう。

少々疲れ気味だったけれど、初めてのヴァラナスィ記念に、ガンジス河を見に行くことにした。サールナートから20分ほど車に乗ると、道の両側にお店が並び始める。ベジタリアンが多いため、1キロごとに、車道だろうが構わずに新鮮な野菜のマーケットが開かれており、牛と人間、サイクルリキシャ、オートリキシャ、自転車、車がイモを洗うかのようにひしめいている。

恐らくガンジス河で捕れたであろうカツオほどの大きさの魚が、冷却設備がないまま、灼熱の太陽の下で売られているのを見て、この街で魚は口にすまいと思ってしまったのは、私だけだろうか？

その一方では、イスラム教徒が運営する肉屋が並び、生きたままの鶏やヤギが、ケージの中で動いていた。

「インドでは、ベンガル地方の人たちはベジタリアンでも魚を食べます。でも、ここでは厳格なベジタリアンが85パーセントです。ヒンドゥー教徒で肉を食べる人も中にはいますが、肉を売るのはイスラム教徒だけです」

時折暴動が起こるので、安全のために各宗教の信者同士が身を寄せ合って近くに住むのだという。しかし、通りを挟んで10メートルほどのところにヒンドゥー教徒とイスラム教徒が顔をつき合わせて暮らしているのだから、いったいどんなふうに折り合いをつけているのだろうかと心配になる。もちろん私などの心配が及ぶ余地はなく、彼らには彼らの暮らし方があるのだろうから、放っておけばいいのだけれど。

そうして徐々に街のセンターに近づいていき、細い路《みち》に入ったところで、いよいよ牛と人の群れに行く手を阻まれ始めた頃、車を止めて降りると、カレーの匂いとともに屎尿《しにょう》の臭《にお》いも漂ってきた。これだけの牛が自由に路を占拠していれば臭うのも当然で、泥とも牛の糞《ふん》とも見分けのつかないぬかるんだ路をガンジス河のほうへと進んだ。

「物売りや、スリ、乞食に気をつけてください」

と言われてデイパックを前に担ぎ、厳戒態勢で歩くその路は、素焼きのカップにチャイを入れて売る店や、路上の床屋さん、ガンジス河の水を持ち帰るための壺やポリ容器を売る店などでごった返していた。

オレンジや赤の服をまとった各地からの巡礼者たちが、水の入ったポリ容器を枝の先にぶら下げて担ぎながら通り過ぎるのを何度見たことだろう。

地べたに座り込んだ物乞いの人々は、失った指や足を見せてお金を要求する。不自由な肢体そのものを稼ぐ手段とするのを目にしたのは、この国が初めてではないけれど、何度見ても心地いいものではない。

哀れみを抱くのと同時に、優位に立って哀れんでいる自分に嫌気がさす。しかし、彼らもこちらの気持ちを利用しているだけなんじゃないか、いや、やはり助けるべきなんじゃないかと、答えの出ない問いが頭の中でこだまする。

人ごみに呑《の》まれるように歩みを進めると、階段の向こうに大きな河が見えた。聞きしに違《たが》わぬ濁流が増水して、ダサーシュワメートゥガートの階段は大半が水没していた。

その場所では絶え間なく男女が沐浴《もくよく》をしており、全身を河の水に浸すと、口をすすぎ、耳の中まで洗っている人もいた。上半身裸の男性たちを指して、「あの人は、白い紐をぶら下げていますね。バラモンです。ほら、あの人は紐がないのでカーストの低い人です」と始まった。そんなことはどうでもいいはずなのに、説明されると視線がそちらへ行ってしまうあたりに、己の俗っぽさを感じて恥ずかしくなる。

沐浴を終えると、人々はブラフマンの高僧に寄付をして、祝福の証《あかし》として白檀《びゃくだん》のペーストを額に塗ってもらい、思い思いに河の水を容器に入れると、お寺に参拝しに行くのだとか。

「河の水は洪水で濁っていますが、本当はきれいです。ノーバクテリアです。私たちはこの水を飲みます。せっかくですから、是非、沐浴してみてください」

とライさんが言うように、かつて自宅に持ち帰った水は、10年経《た》っても15年経っても腐らないと言われていたらしいけれど、『ロンリープラネット』のインドガイドによると、実際は100ミリリットルあたり1万5000もの大腸菌が繁殖しており、それは沐浴可能な安全値の300倍に当たるらしい。ああ、調子に乗って河に飛び込んだりしなくてよかった！ ライさん、お願いだからもう観光客に沐浴を勧めないでください。

沐浴こそお断りしたものの、ガンジス河の光景は書籍や人から見聞きしてきた驚くべきものではなく、至極当然のことのように思えた。人々が生きる上で必要な拠《よ》りどころをこの河に求める姿は、その対象や方法こそ違うけれど、誰しもが同じではなかろうか。

仕事に生きがいを見出《みいだ》す者もいれば、酒やタバコもしくは人に依存して心の空虚さを満たす者もいる。自らを犠牲にして人に尽くすことで救われる人間もいれば、人を傷つけることで癒しを得る人間もいる。人知れず祈りを捧げる人もいるだろうし、なりふり構わず神仏にすがる人もいるだろう。

この河で沐浴する人々も、日々の苦悩から逃れようとして、この河を想い、この河に身をゆだねる。ただそれだけのことなのだ。

日が傾き始めた頃には旅の疲れがドッと出て、ホテルへ戻ってひとり夕食を摂ることにした。部屋でシャワーを浴びるとともに、履いていたサンダルを脱ぎ、石鹸《せっけん》でよく洗った。大袈裟《おおげさ》なようだが仕上げに手足を消毒し、サンダルも同じようにした。爪は短すぎるくらいに切り揃え、いかなる菌も留まる隙がないように対策をとった。

インド料理のレストランには他に客は誰一人としておらず、ベジタリアンメニューを所望すると、次から次へとスタッフがやってきて、あれにしろだのこれにしろだのと勧められる羽目になり、トマトとコリアンダーのスープ、ベジタリアンカバブ（ニンジン、インゲン、タマネギなどの野菜を細かく刻み、干し葡萄、カシューナッツなどとともに棒状にまとめて串焼きにしたもの）、ブラックレンズ豆の煮込みと、ミックスベジタブルカレー、ベビーコーンとほうれん草のカレーを、勧められるがままに頼むことになった。

ベジタリアンカバブは、頼まれてからその場で作って焼いてくれるものだからとてもおいしい。竈《かまど》で焼いた表面はサクッとして、中は野菜の食感とともに、モチモチとした歯ごたえがいい。カレーは大盛りの容器が3種類も出てきてしまい、どう考えても2、3人分はあるけれど、いずれも申し分のない味だった。主食にはチャパティーを頼んだにもかかわらず、別の種類のパンも食べてみろといって勝手に出てきた、ルーマリーというクレープ状のパンもおいしくいただいた。

日本では炊きたてのご飯を食べるし、近年では土鍋ご飯の流行で、おこげのできた熱々のご飯が食卓にのぼることも珍しくないけれど、この国のように、竈から出したばかりの熱々の主食を出す国がほかにどれだけあるだろうか。

嘆くべきは、テーブルに並べられたたくさんの料理と格闘しているというのに、「サービスだ。おいしいから食べてみろ」と言って、パイナップルやピーマン、ジャガイモなどを串焼きにしたものまで出てきてしまい、自分の食べられる量を大幅に超えて、数種の料理を食べ散らかすことになってしまったことである。

ひとりでテーブルの上の食べ物と格闘している間、よっぽど暇だったのか、何人ものスタッフが入れ替わり立ち替わりやって来ては、根掘り葉掘り私の身辺情報を探ろうとする。身を守るために、韓国人であること、夫がいることなどを話し、「結婚しているくせにどうしてひとりで来たの？」という質問には、「夫も後に合流するんです」とデタラメを言ってみたのだけれど、根掘り葉掘りは一向に収まらず、「夫はいつ来るんだ？」とか、「あなたは何日前にインドに入った？」とか、より詳細にわたって聞き出そうとする。

しかもさすがはインド人とあって、数字に強く、何日の何時に東京を出発して何時間かけてインドに着いて、デリーからヴァラナスィまでの飛行時間から、夫がインドへ来るまで私がひとりでいる日数、そして、一緒に旅をする日数から、かかる費用の計算まで、私がデタラメを答えた結果の矛盾点をいちいち突っ込んでくる。こちらが面倒になって嘘《うそ》の上にさらに嘘を上乗せしてデタラメを言うものだから、あちらも自分のメモリーを整理したくて、もっと詳細にわたって聞いてくる。

また、別のスタッフには口が滑って「夫は日本で待っている」と言ってしまい、後で辻褄《つじつま》が合わないのではないか？　とか、身分を詐称することがスパイだと疑われることに繋がって、夜中に警察が押しかけて来たらどうしよう？　などといらぬ心配をすることになった。

食事の面ではホスピタリティーに優れていて、かなりきめ細かなサービスを受けているために、邪険にも扱いがたく、あしらうのに苦労したけれど、「何年前に結婚したのか？」から始まって、結婚期間を年数と細かい日数まで計算されて、「子供はいるのか？」と続き、「あなたの夫婦関係はうまくいっているか？」と聞かれたあかつきには、「なんでそんなことをあなたに話さなくてはいけないの？」と険のある言い方をするよりほかなかった。

ようやく夫婦の話が終わったかと思いきや、今度は宗教について語りだす男に捕まってしまった。「あなたはどの宗教を信じているか？」と問われて、「私はいずれの宗教にも属していないけれど、宇宙を司る大いなる力の存在は感じている」と答えるに留めた。すると、「僕はイスラム教徒なんだ。万物を見て御覧なさい。野菜や機械が自然にできるか？　誰かが必ず作っているでしょう？　たかが機械や野菜が自然にできないのに、宇宙がどうして勝手にできるのか。創造主がいるに決まっているではないか」と言い始めた。

そして、口を挟む間もなく、「でも、世界中でイスラム教徒たちがテロを起こしていることは嘆かわしい。平和を求める宗教が神の名のもとに罪のない人々を殺さなければならないのか？　なぜ、ビンラディンが911の首謀者かどうかはわからないけれど、同じイスラム教徒として哀しいことだし、アメリカがイラクで爆弾を落とすのも反対だ！」と始まった。

創造主云々《うんぬん》の問題は、個人がいかように考えようが自由だけれど、宗教の名のもとに人が殺されるのには私も反対で、確かに彼の言うとおりだと思う。しかし、初めてのインドで、初めての街に来て、目にするものが全て新しく、あちらこちらに気を奪われつつも、常に身の危険を感じて神経を張り巡らせていた一日の終わりに、やっとくつろげるかと思っていたのに、私生活を詮索《せんさく》された挙句、早口でしかも情熱的に宗教についてまくし立てられると、疲れがピークに達して眩暈がしそうだった。

デザートやお茶を勧められたものの、いい加減この問答にも付き合いきれず、親切を振り切るように「本当にもう疲れたので、部屋に帰ります。お茶もデザートも結構です」と席を立とうとすると、食べた分だけサインしろと言って引きとめられたまま、15分ほど待たされることになった。

マハラジャの子孫だと言い張る男が懲《こ》りずにベラベラと話しまくった挙句、「僕のバックボーンを話したのだから、こんどは君が自分の国の話をしてくれ」と言うので、「もう、本当に疲れているので、話す元気もありません」とお断りした。さすがのインド男も観念したようで、明細が届くまでおとなしくしていた。

今日の教訓は、質問されてもやたらに答えないこと。できれば必要なとき以外は、言われたことを理解できぬフリをすること。カタコトの英語すら話さないほうが賢明との結論に達した。

明日はいよいよ早朝のガンジス河クルーズだ。

8月4日　水疱瘡の神様に祈る

まだ夜も明けぬ4時30分に起きると適当に身づくろいを整え、ガンジス河の朝の沐浴風景を見るために5時の待ち合わせに急いだ。

いくら朝早いインドの街とはいえ、この時間にはまだラッシュが始まっておらず、10分ほどでダサーシュワメートゥガートに到着した。このガートにはすでに多くの巡礼者たちや近隣の人々が集まり、沐浴を開始していた。

男性はドティーと呼ばれる腰巻を、女性はサリーを身に着けたまま、濁った水に全身を浸し、中には泡だらけになって頭や身体を洗ったり、歯を磨いている人もいる。

ボートは数あるガートや宮殿などを見せながら、南下していく。

「見てください。皆が集まってお祈りしているあの寺院は、シータラ女神の寺院です。シータラ女神は水疱瘡《みずぼうそう》の神様です。皆、水疱瘡の神様に祈りを捧げているんですね」

と言われて見た先には、確かに大勢の信者たちが祈りを捧げていた。しかし、水疱瘡の神様に何を祈るのだろうか。「シータラ女神様、どうか私を水疱瘡にしてください」でもないし、誰しも一度は罹患する病気だから、「シータラ女神様、私だけは水疱瘡になりませんように」というのも大袈裟だし、「この児《こ》の水疱瘡が早く治りますように」なんて祈るまでもなく、3、4日もすれば発疹《ほっしん》はかさぶたになって剝《は》がれ落ちるだろうから、3万といわれるヒンドゥー教の神々の中からシータラ女神様がリストラされはしないかと心配になった。

東の空に赤々と燃える太陽が昇り、燃料をこしらえるために牛の糞を丸めて壁に貼り付けてある家、洗濯夫のための洗濯場や、「久美子の家」と大きく書かれた日本人女性が経営しているというゲストハウスなどを通り越してゆっくり進んでいく途中で、白い紐を肩から下げたバラモンたちが濁流の中を泳いでいるのを見かけた。激しい流れに逆らって泳ぐのはさぞかし体力のいることだろう。ああ、どうか勇敢な観光客が真似《まね》をしませんように。

ひととおりのガートを見ると、今度は最も有名な火葬場のあるマニカルニカガートへ向かうべく流れに沿って北上し始めた。母なるガンジス河の雄大な流れを、観光客がボートで通り過ぎることなどお構いなしで、次から次へと沐浴する人が跡を絶たない。

しばらくすると、左手に白い煙が見え始め、そこが火葬場であることは一目瞭然だった。いくつものボートが停泊し、観光客たちを降ろしていった。いたるところに牛の糞が散らばっている階段を注意深く上り、なんとか踏まずに済んだのは幸いだったけれど、「アニョハセヨ」とか「こんにちは」との勧誘の嵐が待っていた。

火葬場への階段は自由に上ることができるのだけれど、行きたければひとりで見にいくようにとライさんに言われ、その場にいるガイドなのか何なのかよくわからない男性に案内される。

燃え盛る炎から噴き出る煙にむせ返りそうになりながら、「赤い布を巻いた遺体は女性です。グッドカルマのために寄付をしましょう。私はあそこのホスピスで働いています。強制ではありませんが寄付をしてください。みんな寄付します。グッドカルマのために」などと、言葉とは裏腹に怒気を含んだ脅迫的な説明を受ける。

またもや我々皆で人の死を見世物にしているようで罪悪感と嫌悪感を覚える一方、死が特別なことではなくて、生まれたからには必ずたどり着く終着点として身近なものにも思えた。

旧市街の細い裏通りを散策しながら、巡礼者たちが訪れるという金の寺を目指した。かつてあったヒンドゥー教の寺院を壊してイスラム教徒が建てたモスクを睨《にら》むように建っている金の寺（ヴィシュワナート寺院）に近づくには、ふたつの宗教が緊張状態にある昨今、路地にセキュリティーチェックのゲートが設置され、警察が厳重なパトロールを行っている。大きな荷物やカメラなどの機械類を持って入ることはできず、ライさんの知り合いのコットンファブリック屋さんに一切の荷物を預けることとなった。

無料で預かってくれるというのは嘘だろうと思いながらも、信用に値する人物であることを力説され、財布だけは抜き取って渋々荷物を渡した。さらに奥まで歩いてセキュリティーチェックを受けた先に、イスラム教のアラムギールモスクが見えてきた。

「ここはヒンドゥー教の寺院があったのに、イスラム教徒が壊してこの建物を建てました」と言いながら、そのすぐ隣にある金の寺を指して、「あれは全部本物の金です。800キロの金で王様が造らせました。ここで売っているお花は全て捧げものです。巡礼者たちはみんなガンジス河で沐浴した後、ここで捧げものを買って寺院の中に入ります」

実際はヒンドゥー教徒以外の参拝を禁じており、中こそ見られなかったものの、狭いところに建物がひしめく中、金の寺が黄金の輝きで聳《そび》えており、人々の強い信仰がうかがえる。

歯ブラシ代わりになる使い捨てのニームの枝を売る店、数ある畳1畳ほどのお寺、油で揚げたスナックを売る店などを通り過ぎ、いたるところに転がる牛の糞に注意を払いながら再びコットンファブリック屋さんに戻ると、案の定、手荷物預かり料金は発生しないけれど、何か商品を買っていけという。

旅に浮かれてその町の光の下で選んだ品々が、東京に帰った途端色あせて見えたり、むしろ派手すぎて使えないことが多く、こうした商品に熱くなることもなくなってきていたけれど、荷物を預けてしまったからには、タダで出てくるわけにもいくまい。店をひととおり見回して目に留まったターコイズブルーの絞り染めストールを購入した。

280ルピーで交渉が成立し、薄暗く混沌とした旧市街を抜けて明るい通りに出ると、警戒で常に身を縮めていた窮屈さから解放されたくて、ホテルへ戻ることにした。またもやサンダルを消毒し、手足に留まらずリュックや洋服にも滅菌スプレーをかけて、朝の散策で拾ってきたであろう数々の菌に別れを告げる。

朝食には、ジャガイモのバジーとチーズを挟んだチャパティーを食べることに。インドの菜食主義者たちは、卵も魚も摂らないかわりに乳製品を多く消費するらしい。ラッシーに代表されるヨーグルト然《しか》り、パニールといわれるカッテージチーズ然り。乳製品は殺生に関わらないからなのだろうけれど、欧米でビーガンと呼ばれる厳格な菜食主義者とは信念が異なる。

是非はともかくとして、不殺生を貫く人々もいれば、食物連鎖の最上位にある人間が肉や魚を食べると、有害物質を凝縮して摂取することになるという観点から、安全な無農薬野菜のみを日々の糧として選ぶ人もいるだろう。

私のようにほとんど肉を食べない生活をしていたのに、かつてブリア・サヴァランの『美味礼賛』を読んで以来、滴る肉汁を口にしたくなったという、時代に逆行しているタイプの愚かな人間もいる。もっとも、今でも玄米菜食主義は身体に優しく身軽になれることは認識しているし、闇雲に肉を食べ続けるわけではなく、野菜中心の食生活をベースに、必要に応じて動物性たんぱく質も摂ることにしている。特に新鮮な魚介類は命をおしいただいて生きる喜びを感じるので、心から自然のサイクルに感謝している。

今回の旅では試しにインド式を採用して、不殺生ベジタリアンを試みようと思う。メニューにエビやら魚の名前やらが出てくると気になって仕方がないので、いつまで続くかはわからないけれど……。

午前中にもう少し見せたいところがあるというので、ライさんと待ち合わせをして車に乗り込んだ。行った先はバーラト・マーター寺院。神の像が据えてあるのではなく、巨大なインド全土の立体地図が大理石で造られたものを奉ってある。精緻な地図をも寺院にしてしまうなんて、偶像崇拝にもほどがあると思いつつも、これからたどる旅程をレーザービームで照らしてもらいながら来たる日々に思いをはせた。

ちなみに各寺院では履物を脱ぐことを要求されるのだけれど、サンダルに裸足《はだし》の私は、ペタペタと大理石の床を歩くことになる。見た目は清潔にしてあっても、なんぴとにも大きく門戸を開いた寺院ゆえに、参拝が終わると必ず滅菌ウエットティッシュで足を拭《ぬぐ》うようにしている。インドの方々ごめんなさい。

次に向かったのはヴァラナスィヒンドゥー大学で、10キロ四方の広大な敷地に、今は祭祀のとき以外は使われなくなったサンスクリット語を習得するための学部や、アーユルヴェーダなどの医療を専門にした学部などがあり、幅広い分野で学ぶことができるという。

緑の豊富な明るい構内には、シヴァ神を祀ったヴィシュワナート寺院があり、観光客でも参拝が可能だった。

創造と破壊の神であり、ヨガの神様とも言われるシヴァ神を祀った寺院とのことで、ガンジス河の水が滴るシヴァリンガ像をひと目拝んで外に出た途端、幼い子供が手を口に当てて何か食べるものが欲しいという。

「彼らは優れた役者です。私は自分のお客さんには、こうした子供たちに施しをしないように頼んでいます。幼くして無償で食べ物やお金を得てしまうと、将来働いて稼ごうという意欲が起きなくなります。もし施しをするなら、幼いながら仕事をしている子供たちか、仕事をすることが不可能な人々に対して、もしくは乳飲み児を抱えた母親にしてください」

とライさんに言われ、何かしたい気持ちを抑えて、彼がいつしか自立できることを願った。

早起きで疲れていたこともあり、シヴァの妻パールヴァーティーを祀ってあるというドゥルガー寺院を、車で通り過ぎて再びホテルへ戻ることにした。闘争と血を好むため、かつては生贄《いけにえ》を捧げていたという寺院は血の色で塗られていた。

昼食は、ようやくインドのレストランの量がわかってきたところで、トマトコリアンダースープと、カレー風味のジャガイモと野菜の炒め物にチャパティーをつけてもらう。

6時には、忙しいライさんに代わってミシュラさんというガイドの方が迎えに来てくれて、ダサーシュワメートゥガートで毎晩行われるアールティーという祈りの儀式を見に行った。

車の中で彼もヒンドゥー教徒であることを知り、今宵《こよい》行われる儀式のように、祈りを捧げるのかと聞いてみると、「僕は祈りのかわりに瞑想をするんだ」という。「瞑想はいつだってしている。座って目をつぶるだけが瞑想ではないんだ。全ての瞬間が瞑想の時間になり得るんだ。瞑想とは空《から》っぽになることだから」

その空っぽが難しいのだけれど、瞑想の果てにあるものは何かと尋ねると、

「それは、揺るがない心の平穏であり、自らを含む全てから自由になることであり、真我を見出すことであり、宇宙の絶対的な力との融和である」

という。その域に達したものは自らをコントロールする術を知り、他者の本質を瞬時に見抜くことができるのと同時にその本質にいかなる影響も受けないというのがミシュラさんの持論で、さらにはエゴが人間にとって6つの敵を内包しており、その6つに照らし合わせて人を判断することができるのだと話してくれた。

「まずはじめに感覚の喜び。2つ目は怒り、3つ目は欲望、4つ目は執着、5つ目はプライド、6つ目は嫉妬だ」

「あらまあ、私はほぼ全てをカバーしているわ！　エゴの塊《かたまり》っていうことね」

「それらの全てをコントロールするのは難しい。たとえば、チベット仏教の僧侶たちの中には肉を食べる者もいる。それは、エゴであり、彼らは本物の聖人ではないと言える」

と、よその宗教批判が始まった。
チベット仏教の僧侶たちが本物かどうかは私の知るところではないけれど、多くの宗教が複雑な争いをしている時代に、自らも迫害を受けながら、他の宗教との対話を試みるダライラマ法王の姿勢は賞賛に値すると思う。

そんなことをミシュラさんに言っても仕方がないので口をつぐんだけれど、この人の話は面白かったので、ひたすら聞き役に徹した。

目的のダサーシュワメートゥガートには母なるガンジス河に向けて5つの祈禱《きとう》台を組んであり、5人のバラモン僧たちが祈りを捧げることになっている。その祈りの対象となるガンジス河には見物人のボートがたくさん浮かんでいるという少々滑稽《こっけい》なシチュエーションだったけれど、例に漏れず私もボートに乗り込んで、「オーム、オーム、オーム」と3回唱えて始まる儀式を静かに眺めた。カルトなイメージのついてしまったこのオームという言葉は、宇宙の始まりの音として知られ、ヒンドゥー教における聖なる意味を抜きにしても、とても心地よい音である。

葉っぱで作ったお皿にバラの花を飾り蜜蠟《みつろう》をのせた捧げ物を子供たちが売り歩くなか、僧侶たちが左手でベルを鳴らし、右手に持った線香を回しながら、サンスクリット語のチャント（祈り）に合わせて東西南北へ祈りを捧げ始めると、人々が手にした捧げ物には火が灯《とも》され、河に放たれる。

いよいよ始まったその儀式はとても神秘的でありながら、どこかパフォーマンスのようでもあり、朝の火葬場についていてと同じように気持ちの盛り上がりに欠ける自分は、もう感動できない人間になってしまったのか、全てを静観できるだけの強さを身に着けたのかわからなかった。

僧侶が右手に持つ祭祀の道具は線香から白檀の抹香に変わり、同じように東西南北に向かって右手を回し始める。

その後も円錐状に灯したオイルランプ、カンフォルの火、団扇《うちわ》、動物のシッポで作った筆のようなものと道具が変わっていくたびに、東西南北を向いて祈り続ける。時折歌がまじると群集の中から手拍子が湧き起こり、以前ニューヨークのハーレムで見たゴスペル唱歌の光景を思い出した。

最後に、私たちがボートに乗って浮かんでいるガンジス河に向かって深くひれ伏す動作がひとつの区切りとなって、観光客たちが帰っていく。

私も足元に気をつけながらガートの階段を上って車への路を歩いた。街にはヒッピーらしき髪もひげも伸び放題の西洋人がフラフラ歩いていて、ガイドを雇ったりすることなく、インドの暮らしにすっかり馴染んでいる。

時折目が合うと、魅力的な瞳に吸い込まれそうになるのだけれど、あまりにも自由すぎる彼らと私の歩みは決して交わらないことを思い出して、一瞬にして目を逸《そ》らすのであった。

8月5日　韓国人になりきる

2晩滞在したヴァラナスィを離れて、アグラーへ向かう。列車内で出されたものは何も食べないようにと言われているので、朝食をしっかり摂っておく。いつものバジーに、ヴァダという、米をすりつぶしてドーナツ状に揚げた南インドの料理を選んだ。

朝からこんなに重い食事もどうかと思われるが、10時間に及ぶ列車の旅で、空腹に喘《あえ》ぐのはたまらないので、無理にでも食べておくことにした。更にバナナを2、3本持ち帰り、旅に備えた。

雨が降る中、ヴァラナスィから車で隣の町まで行き、ムガルサライという駅で車を降りた。多くの人は雨が降ろうがお構いなしで、傘を持っている人なんて40人に一人くらいの割合だろうか。

ガイドさんが、赤いシャツを着た駅公認のポーターを呼んできてくれたので、促されるままに30ルピーを渡した。インドでは細かく分業になっていて、運転手やガイドが荷物を運ぶとポーターの仕事を奪うことになるので、大きな荷物に手は付けないらしい。全ての人や全ての場面に適用されるかどうか定かではないが、どうやらそうして互いの領分を侵食しないことになっているようだ。

ムガルサライ駅には階段がなく、プラットホームと架け橋の昇降はスロープになっている。それゆえか、牛が駅の渡り廊下というのか架け橋部分を歩いたり、堂々と寝そべっていたりする。駅の構内に牛がいるのを見たのはたぶん、いや絶対に生まれて初めてのはずなのに、なんだかこれも当たり前の光景に見えるから、インドってすごい。

よくよく考えてみると、昇降が全てスロープなら、キャスターつきの私の荷物は自分で運ぶこともできたのだけれど、頭の上に器用に巻いたストールを土台にして30キロ以上ある荷物を頭上に載せて運ぶ姿を見て、30ルピー払っただけの価値はあるのだと納得した。

実はずっと気になっていたのがこのストールで、ほとんどの男性が首からストールをぶら下げているか、首や頭に素敵に巻いている。どんなに汚れた服を着ていても色鮮やかなストールをさりげなく巻いているものだから、「インドの男性は、おしゃれなんですね」とガイドさんに言うと、「いや、あれはおしゃれなんじゃなくて、日中とても暑くなるので、日除けに使ったり、汗を拭いたりするんだよ」という。

確かにおしゃれでしているにはずいぶんとほつれたり汚れたりしている。しかし、絞り染めだったり、赤い色だったりして、くたびれたストールすらしゃれて見えるのだ。

「手荷物には十分気をつけるように。それから列車の中で誰かに飲み物や食べ物を勧められても絶対に口にしないように。各部屋は2段ベッドで4人同室になりますが、できるだけ他の人とは親しくせずに、自分の本に集中してください。インドの電車では停車駅のアナウンスがないので、乗り過ごさないように気をつけてください」

なんだか、ものすごく危険な旅をしようとしているのかしら?

2307 Jodhpur Express のエアコンつきの寝台車両に案内してもらうと、狭い通路に各部屋を仕切るカーテンがゆらゆられていて、湿気の臭いと、汗の臭いが漂っていた。青い間仕切りカーテンと青い座席シートの部屋に入ると、「あなたの席は2階だけれど、日中この下のベッドに腰掛けていても大丈夫です。誰かこの席の人が来るかもしれませんが遠慮なく座ってください」とのこと。

ポーターが持ってきてくれたキャリーケースを早速ワイヤーロープつきダイアルロックでシートに括《くく》り付け、本やコンピューターを取り出して、改めて室内を見渡すと、簡素な造りがまるで刑務所の中のようで、窓外を眺めようにも、小さな二重窓が汚れで曇っていて、開かないようになっていた。おまけにカーテンが邪魔して外光が入らず、後に蛍光灯一本の下で無理やり本を読むことになるのだった。

ありがたいことに、冷房はほどよく利《き》いており、暑すぎず寒すぎない女性向けの室温だった。同室者の男性が乗ってきて、ガイドさんの口添えによって、アグラーフォート駅についたら、この男性が知らせてくれることになった。しかし、油断は禁物で、インド男との会話につかまると簡単には振り切れないことを肝に銘じて、ひたすらコンピューターに向かい続けた。

ところが、5分も経たないうちに例の質問攻撃が始まった。「どこから来たの？」という質問は10回目で理解できたふりをして、「コリア」と答えた。「観光か？」という質問には、「アイ、リトル、イングリッシュ」とわからないフリをした。

それでもインド男は諦めず、「アグラーの次はどこへ行くのか」と聞いてくる。これもまた、相手が面倒になって口をつぐむまでわからないフリを続けようとしたけれど、ジェスチャーも交えて一生懸命聞いてくるので、あまりに理解できないフリをしていても、ただのバカだと思われて好きなようにされても困ると思い、「アグラー、デリー」とだけ答えた。

すると今度は「デリーの次はどこへ行くのか」と調子づいてきた。ああ、面倒だと思いながら、わからないフリを続けた。「君は英語がわからないのか？」と物凄《ものすご》くゆつくり聞くので、「ちょっと、イングリッシュ」と日本語を交えながら惚《とぼ》けてみた。

「俺がパーフェクトな英語をしゃべっているというのに、英語がわからなくてどうやって会話をするんだ」と言うけれど、私は会話なんかしたくないというか、本当はもっとインドについて聞きたいことはたくさんあるけれど、例によって根掘り葉掘り聞かれるのも面倒なので、接触を避けるしかないのだ。

ほどなくして枕、毛布、シーツなどの寝具と一緒にタオルが配られたけれど、横になると眠ってしまいそうだったので、下の階に留まることにした。

韓国語がどんな文字で書かれるものなのか気になって仕方がないインドおじさんは、何度も私のコンピューターを覗き込み、小さなテーブルに置いた『ロンリープラネット』のガイドを勝手に見ては、写真を指差して「君がこれから行くアグラーには、タージマハルがある」とか、「韓国語は何て書いてあるのか全然読めない」と言って、会話の糸口を探している。ハングルがどんな文字なのか、このおじさんが知らなかったことは幸いである。

10時間も同じ部屋にいて、何も話さずにいるのは、孤独に慣れていない人にとって窮屈なことなのだろう。私の場合、そもそもひとりでいるほうが気楽でいいと思っているけれど、このおじさんにはそんなことは通用しないようで、「アグラーからデリーに行って、デリーの次はどこに行くんだ」としつこく聞いてくる。じつはこのわからないフリをするのも忍耐のいることで、あまりにわからないのも不自然だし、かといってテンポよく答えてしまうと、相手の思うツボなので、さじ加減がとても難しいのだ。

そのようなわけで、2つ目の駅で初老の女性が乗ってきたのはとてもありがたかった。この女性がおじさんの暇つぶしの相手になってくれたので、根掘り葉掘りも静まって、ヒンドゥー語と英語のちゃんぽんで「この子は韓国から来たらしいんだけど、英語もろくにしゃべれなくてまいったよ」というようなことが聞こえてきたが、こちらはもうお構いなしで、仕事をすることができた。

ただひとつ、向かいの席を女性に譲って、私の隣にしっかりと腰掛けたのには困ったけれど、どうやらそこまで変な人ではなさそうなので、窓ぎわギリギリに座ることでおじさんとの距離を保つことにした。

しかしまあ、目線はコンピューターに落としたまま聞き耳をたてていると、このおじさんのよくしゃべること。まるで中年女性の井戸端会議をひとりでしているようである。向かいに座った女性はほとんど相槌《あいづち》を打つだけで、議題の提供も、発言もまとめも全部請け負ってひとり芝居をしているようなものである。どうやら根っからの世話好きなこのおじさんは、未使用の自分の枕を女性に貸してあげたり、よせばいいのに私にランチを勧めて断られたりと、ひっきりなしに皆に気を配っている。

朝のバナナがあったのだけれど、できれば列車のトイレを使いたくなかったため、ドライ納豆と、ナチュラルハウスで買っておいたコンニャクキューブで空腹をしのいだ。

ミネラルウォーターは未開封のものを2本持ってきたはずなのに、なぜか1本だけ水が減っていた。そんなはずはないと蓋《ふた》を確かめてみると、不思議なことに開いている。列車に乗ってから一度も席を立っていないし、居眠りもしていないので、誰かが触れる機会はなかったはずなのに、水が減っている。

どうしてだろうと記憶をたどってみると、ホテルでチェックアウトの際に、10分ほど、ロビーのソファーに水の入った袋を置いたままにしたことを思い出した。そんな隙に人のミネラルウォーターをわざわざ飲むひとなんているのだろうか？　しかも、1本丸ごと持っていくのではなくて、１００ccほど飲んで袋に戻すなんて面倒なことをするのだろうか？　日本人の感覚では理解しがたいけれど、ここはインドだ。そんなこともあるのかもしれない。いよいよ、自分で持ち込んだミネラルウォーターすら信じることができなくなって、一切口をつけないことに決めた。

通路から「コーヒー、チャイ！」「サモサ！」という販売員の声が聞こえてくるたびに顔をそちらに向けつつも、「何も食べてはいけないし、飲んではいけない」という言葉がこだまして、グッと堪《こら》えたのであった。

散々我慢をしたはずなのに、やはり10時間もの間、一度もトイレに行かないはずもなく、コンピューターをデイパックに詰めて背負い、ポケットティッシュと除菌用ウエットティッシュを握り締めて隣の車両へ向かった。

扉を開けると、ついつい臭いを嗅《か》いでしまって後悔する羽目になる。さて、噂《うわさ》に聞きしインド式トイレを初めて体験することになるのだが、水がちょろちょろ流れている便座には2つの足型があり、すぐ上に穴があいていて、どちらに向かってするのか迷っていると、穴の先に線路が見えたのである。とすると、列車が通り過ぎたあとの線路には乗客たちの……。

この際あまり深く考えるのはよそう。インド式トイレにはもちろんトイレットペーパーなんてついておらず、ひねると水の出る蛇口が、かなり低い位置、つまり用を足しながら手の届く位置に設置してあった。幸いだったのは、思ったほど不衛生ではなかったことである。

いよいよコンピューターのバッテリーが少なくなり、自動的に休止モードに入ってしまった頃、向かいの女性が降りてしまい、おじさんの質問攻撃が始まる前に、ヘルマン・ヘッセの『シッダールタ』を取り出した。

初めてこの本を読んで以来、何度読み返したことだろう。かつてクリスチャンであったヘッセが、神を否定し続けながらも実は神を追い求め続けた西洋人の視点で脚色した仏陀の姿というのがなぜかとても好きで、読むたびに自分の成長度合いに照らし合わせて響き方が変わっていく。同じ著者の『デミアン』、『知と愛』とともに私の心のスタンダードになっている本である。

初めて読んだ時、教えや苦行では悟りは得られないとばかりに世俗にまみれたシッダールタに共感して読み進み、後半部分は読み物としては楽しんだけれど、共感するには至らなかった。ここ数年は、世俗にまみれて多くを学んだシッダールタにも共感しつつ、自らを含む人間の低俗な営みを軽蔑する気持ちもほんの少し理解できるようになっていた。

しかし、今回アグラーへ向かう列車の中で読み返してみると、仏陀が旧友のゴーヴィンダに向かって「人は目標を抱きすぎる」というくだりに深い共感を覚えた。人間は遠くに掲げたゴールとその結果しか見ないけれど、過程こそが大事なのだと。そして、正誤にとらわれず、善も悪も共に含むこの世の全てを是認し、愛する姿勢には、人目もはばからずに涙してしまった。

ヘッセによって書かれた流れるような言葉をひとつひとつ嚙《か》み締めるように読んでいると、いつのまにか停まった駅で、新たな男性客が乗り込んできた。

例によって隣のおじさんが、「この子は韓国から来たんだけれど、英語も話せなければ、自分がどこを旅するのかもわかっていないんだよ。まったくしょうがないな。だから俺がアグラーフォートに着いたら知らせてやることになってるんだ。こんなに重い荷物も持って。やれやれ」と私に関する説明で、新参者との会話を始めた。

ふたりともジョードプールの出身らしく、すっかり意気投合して話がはずんでいたので、私も感動を邪魔されることなく読書にいそしむことができた。

数時間の後、「この次がアグラーだけど、迎えの人間は来ているのか」と二人で心配し始めた。「ガイド、アグラー」とだけ答えて、真っ暗闇になった窓外を見るフリをしていると、今度は「ガイドの名前はなんて言うんだ。名刺を見せなさい」と言う。

実は本当にガイドの名前も知らなければ、名刺も持っていないので、あまりのしつこさに面倒くさくなって、日本からの飛行機でフライトアテンダントさんからいただいたMittal teasという紅茶屋さんの名刺を差し出した。すると、真剣なまなざしでその名刺を吟味し始め、携帯電話で電話をしようとするので、慌てて「ティーショップ、ティーショップ、ノーガイド」と訂正した。

どうやら本気で心配してくれているようで、「ガイドの名前も知らなくて、どうやってお互いに出会うんだ」とやきもきしているのには申し訳なく思ったけれど、9時間にわたってしゃべれないフリをしてきたのに、今更名前の入ったボードを持って立派なガイドさんが待っているなんて説明するわけにもいかず、「アグラー、ガイド、OK」と笑って誤魔化した。

到着予定時刻の10分前になって、再び「次がアグラーだから、あと10分ぐらいで着くよ。荷物をまとめて降りる準備をしなさい」と知らせてくれた。「本当に英語がわからないの？」ともうひとりのおじさんに言われても、「イングリッシュ、リトル、スローリースピーク、OK」と言うよりほかなかった。

荷物を持って昇降口に行こうとすると、隣のおじさんが「大丈夫、駅に着いたら俺が持っていってやるから」と制止する。こんなに親切なおじさんを初めから最後まで10時間疑いっぱなしで、ろくに話もしなかったことを悔やんだが、こうでもしないと身を守れない愚かで身勝手な旅行者ゆえお許しいただきたい。

期待どおりアグラーの駅に降り立つと、ガイドさんが迎えに来ており、長旅をほぼ無言で共にしたというのに、荷物まで運んでくれた優しいおじさんに「ありがとう」

と別れを告げてホテルへと向かったのであった。

駅から出てすぐにアグラー城を通り、さほど遠くないところにタージビューホテルはあった。最上階の部屋からはタージマハルが眺められるとのことだったけれど、残念ながら私の部屋は2階だったため、その恩恵にあずかることはなかった。

長旅の最中ほとんどなにも口にしなかったため、空腹はピークに達しており、荷を解いてすぐに1階のレストランで食事をした。何にすべきか迷った挙句、ベジタリアンタリーにした。ヴァラナスィのラディソンのように程よい味というよりは、濃い目の味付けで油も多く（正直に言うならあまりおいしくない）、チャパティーにまでギー（精製したバター）がかかっていたので、ほんの少し食べただけでお腹がいっぱいになってしまい、またもや無駄にする羽目になってしまった。

8月6日　はかない夢の跡、タージマハル

早めに目が覚め、1階のレストランで朝食を摂る。

この数日間、生野菜とフルーツを控えていたので、身体がビタミン不足に陥っている気がして、一度は思いとどまったものの、我慢できずにカットフルーツとともに並んでいたプラムを3つお皿にとってみた。

テーブルに運んでも、果たしてこれを食べていいものなのか迷ったけれど、一念発起してティッシュペーパーを取り出し、プラムについていた水滴をしっかり拭って、手指も今一度除菌ウエットティッシュで拭いたところで、「エイッ」と齧《かじ》ってみた。

久しぶりの新鮮な果実はとてもさわやかで、身体が嬉々《きき》としているのがわかる。小ぶりのプラム3つを食べ尽くしてしまうと、やはりお腹の具合が気になってきた。この先の旅を思うと、プラムの誘惑に負けたことを後悔しそうにもなったけれど、ディパックの中にチューブ入りおろしワサビを隠してあることを思い出して早速取り出した。

除菌グッズの携帯で衛生面には多少の自信はあったけれど、旅の途中でいつ何時、

何を食べたくなるかもわからないし、期せずして腐敗した食べ物を口にすることもあるやもしれぬと思い、殺菌効果があると言われているワサビを買っておいたのだった。チューブに入ったワサビをチョロチョロとスプーンに搾り出し、上顎《うわあご》と舌で溶かすと、猛烈な刺激が鼻を抜けた。チューブ入りのワサビだけをわざわざ口にすることなんて滅多にないものだから、とても空《むな》しい気持ちになったけれど、良薬口に苦し改め、良薬口に辛しと、自らに言い聞かせて、2口目を口に含んだのであった。まあ、それでもお腹を壊したら、そのときは観念しよう。

ガイドのカンさんと待ち合わせて最初に向かったのは、北インドのハイライトといわれている、タージマハルだった。敷地から少し離れたところで車を停め、電気自動車に乗り換えて近づくのは、環境汚染で変色し始めたタージマハルを守るためらしい。

昔々、インドには300年続いたムガル王朝の5代目の王であるシャー・ジャハーンという王様がいました。王様は、3代目のアクバル王が城壁を築き、4代目のジャハーンギール王、つまり王様の父が宮殿を建てたという、アグラー城に住んでいました。

シャー・ジャハーンは、イスラム教の習慣に則《のっと》って、お見合いで二人の妻を娶《めと》りましたが、そのどちらをも愛してはいませんでした。

アグラー城の宮殿内では、王族のための市場が開かれており、そこでは宝石などが売られていましたが、ある日、その市場を王様が通りかかった折に、ペルシャから物を売りに来た女性ムム・ターズの姿が目に入り、一目惚《ひとめぼ》れをしてしまいました。

お見合い結婚が常識だった当時、二人が逢瀬《おうせ》を重ねることは国中の噂になりました。しかし王様は何をささやかれようとお構いなしで、2年の後にはムム・ターズを3番目の妃として迎え入れました。王様にとって初めての恋愛結婚でしたから、ムム・ターズはとても大事に扱われました。

回廊式の宮殿の中庭部分には池があり、二人はそこで釣りをして過ごすことが多かったようです。どちらが多く釣ることができるかを競うのですが、王様はいつも負けてしまいます。なぜならば、ムム・ターズのあまりの美しさに見とれてしまい、ゲームのことなど忘れてしまうからでした。

一方のムム・ターズは、とても要領がよく賢い妃でしたから、次々に魚を釣り上げ、ゲームに勝った褒美にたくさんの宝石を贈られたといいます。

王様はいつでもムム・ターズをそばに置き、外交で旅に出かけるときはもちろんのこと、戦場に赴くときですら、彼女を伴って行ったそうです。

それだけ仲睦まじい二人のことでしたから、19年間の結婚生活で14人もの子供を授かりました。ところが残念なことに、1631年、その14人目の子供を出産してすぐに、ムム・ターズは病に臥《ふ》せってしまいました。王様はあらゆる手立てを尽くして、愛する妃の病を治す道を探しましたが、そうした甲斐もなく、ついに永遠の眠りに就いたのでした。

しかし、賢い妃は、自分の命がもう長くないことを悟ってから、王様に2つのことを約束させました。1つ目は再婚をしないこと。そして2つ目は、アグラー城の宮殿からも見えるヤムナー川のほとりにタージマハルのような霊廟《れいびょう》を建造することでした。ムム・ターズ妃を失った王様の哀しみはとても深く、それまでは週末に通っていた宮殿内のハーレムでの遊興もピタリとやんで、妃との約束どおり、全ての情熱と国力をタージマハル建造に傾けたのでした。

イスラム教圏の近隣諸国から優秀な建築家や技術者たちを呼び集め、お隣のラジャスターン州からは、インド随一の白い大理石を運ばせました。そのほかにもマラカイト、オニキス、コールネリア、ジャスパー、サンゴ、ラピスラズリといった貴石類を他の国から運ばせ、2万もの人員を動員して、22年もの歳月をかけた後の1653年には、いたるところに象嵌《ぞうがん》細工を施した美しい白亜のドームが完成したのでした。それは東西南北全てが均斉のとれた完璧なまでの美しさを誇る建物で、愛すべきムム・ターズにこそふさわしいものでした。

王様は妃の眠るその建物を直接眺めるよりもむしろ、敷地内に張り巡らせた運河と池に映り込んで揺れるタージマハルを好んだといいます。なぜならば、水面に映って揺れるタージマハルには情緒があり、亡き妃の顔を思い起こさせるからなのでした。池の東西南北にはいずれの位置からでも眺めることができるようにと王座が据えられ、太陽の角度や、月齢の変化とともに移ろいゆくタージマハルを見るためにその場所に座ったといいます。

タージマハルが完成してから5年後の1658年に、精魂尽き果てた王様も病魔に侵されました。するとデリーにいた王様の長男は王位を継承するための話し合いをしようと、インドの地方を治めていた3人の弟たちには「父が死んだ」と嘘の知らせを出して、帰郷を急がせました。

しかし、デリーへ向かう道すがらアグラーに立ち寄って父の遺体に対面しようとした弟たちは、長男の嘘に気づき、王位継承に有利な企てを働いたのだと勘繰って、骨肉の争いは殺し合いに発展しました。

しかも彼らは全て王がムム・ターズとの間にもうけた子供でした。次男が長兄を、

3男が次男と末っ子を殺すという凄惨《せいさん》な争いの果てに、病床へ父を見舞った3男のアウラングゼーブは、父の顔に憤りを見てとり、自分が王位を継ぐことを許されないのではないかと不安になったため、実の父をアグラー城に幽閉してしまったのでした。

望みどおり、王様はタージマハルの見える部屋に幽閉され、祈りのためにモスクを使用することも許されましたが、息子同士が血の争いをした挙句に帝位を奪われた孤独からか、緩やかに死に向かっていったのでした。

7年の幽閉の後にムム・ターズの死から数えて35年目の1666年に王様もこの世を去りました。本来であれば、ヤムナー川を挟んでタージマハルの向かい側に、正対称の黒い霊廟を造って眠るはずでしたが、王様のはかない夢は散り、ムム・ターズの隣に寄り添うように、タージマハルのドームに納められたのでした。

タージマハルはムム・ターズひとりのためにあれだけの歳月を費やして造らせたものでしたから、全てに均衡が取れており、ムム・ターズの墓も真ん中に据えてありました。ところが皮肉なことに、完璧を要求した王様自らの墓がドームの下、ムム・ターズの墓の左側に据えられることで、見事なシンメトリーは崩れてしまったのです。

カンさんが話してくれたタージマハルにまつわる話をまとめるとこんな感じだろう

か。

東京で旅のプランを練っていた頃には、気まぐれな王が自分の妻のために国費と人員を浪費して建てた富と権力の象徴のような巨大な建造物に深い感動を受けるとは微塵《みじん》も思わず、インド旅行をするからには、人並みに見ておくべきもののひとつとして軽く捉えていた。だがタージマハルは、最盛期の王朝を物語っているのと同時に、哀しくも美しい愛の物語の象徴であることを改めて聞くと、孤独で人間らしい王に哀れみを感じざるを得ず、いかなる手段を用いたにせよ、この美しい建物に魅了されてしまうのであった。

1000年後の倒壊の恐れまで考慮に入れて、ドームの四方に配したミナレッツという塔は、外側に4度ほど傾いているらしい。この精緻な建物は、名状しがたい美しさで聳えており、その全貌《ぜんぼう》もさることながら、裸足で大理石の上を歩き、ドームの中に入ってみると、二人の墓がアシンメトリーに据えてあるのが見えてせつない気持ちになる。ドームを出て裏側にまわると、ヤムナー川の緩やかな流れが再び二人の物語を語りかけてくるようで、しばらくその場に座って眺めていた。

カンさんが私の今後の予定を聞くので、正直にデリーからリシケシュへ行く予定であることを伝えると、先ほどまではムガル王朝の王様やイスラム建築について力説していたのに比べて、あまり興味がないらしい。イスラム教徒のカンさんにとっては、ヒンドゥー教の聖地はどうでもいいということなのか。

「どうせ北インドに留まるなら、ラジャスターンに行くといいですよ。あそこはインドの王朝文化が残っているからね。リシケシュは何にもないところですから。ガンジス河とヒマラヤしかないから、行っても面白くないよ」

と勝手にスケジュールを変更しようとする。

「リシケシュが何もないところだとしたら、それがいいんですよ。ヨガもできると聞いているし」

「ヨガならアグラーでもできるよ。リシケシュなんか行かなくたって。アグラーから直接ラジャスターンに行くべきだと思いますよ。ピンクシティーのジャイプール、ホワイトシティーのウダイプール、ブルーシティーのジョードプール。僕が個人的に案内しようか？」

「でも、もうリシケシュのホテルを予約してしまったので変更はできないです。リシケシュから先の予定は未定になっているので、あちらで考えて行きたくなったらお願いするかもしれません。飛行機で行けるんでしたっけ？」

「飛行機はないから、車で行くのが一番いいよ。電車は雨季で遅れたり運休になったりするから」

いや、たしか飛行機もあったはず。

「ジャイサルメールまで行くと、キャメルサファリをしながら宿泊することもできるんですよね」


「そうだね。キャメルサファリは、テントに泊まるといいですよ。でもひとりで行くのは危ないから、ラジャスターンの旅に僕を連れていくといいよ」

それではカンさんの宿泊費と交通費までかかってしまうではないか。

「1日50ドルくらいでいいですよ」

とても優秀でいいガイドさんでもこうだから困る。全部自分の都合のいいように話を持っていくんだから！

昼食は市内にある南インドのベジタリアンレストラン、ダサープラカーシュに入った。初めて街のレストランで食事をするので、少々恐ろしかったけれど、清潔でかわいらしいお店だった。

100ルピーのスナックタリーには、豆と米の粉をクレープ状にしてパリパリに焼いたものの中にジャガイモのカレーが包んであるドーサと、イドリー、ダール（レンズ豆のカレー）、サンバル（酸味と辛味のきいた野菜のスープ）、キッチディー（カレー雑炊)、キャベツとココナツの実の和え物、ダイブラ(ヨーグルトに揚げパンが入っている)などがついていて、ホテルで食べていたことがバカバカしくなるくらいおいしかった。

見るのも食べるのも初めてだったドーサは、パリパリの食感と米の味がまるで土鍋の底についたおこげを食べているようで、日本人好みのいい味だった。中に入っていたジャガイモにもハナマルを差しあげたい。

キャベツとココナツの和え物も、あとでワサビをなめればいいのだと、ためらわず口にすると、芥子《けし》の種やカレーリーフで香りづけしてあり、シャキシャキの食感が他の料理と異なって食べ応《ごた》えがあった。

ヨーグルトの中になぜか揚げパンが隠してあるダイブラは甘辛料理で、ほんの少し甘味のあるヨーグルトに、輪切りの青唐辛子が散らしてあり、上にはあられがのっている。滑らかなヨーグルトがほんの少しピリッとするあたりはおいしく感じたけれど、揚げパンなしのあられだけのほうが私の好みには合うようで、底に沈んだ揚げパンは、一口だけ食べて、残してしまった。

いずれにせよ、肉も魚も使わずにこれだけバラエティーに富んだ食卓を演出できるインド人の知恵は、本当に素晴らしい！　こうして街のレストランに来て初めて、インドの人々が食後の腹ごなしに食べるという氷砂糖の混じったアニスシードも口にすることができた。アニスシードの薬効を疑うわけではないけれど、ワサビも忘れずに舐《な》めて万全を期した。

食後はムガル王朝をはじめとするインドの歴史が刻まれたアグラー城を見学した。3代目の王様アクバルは、インドを統治するに当たって、自らはイスラム教徒にもかかわらず全ての宗教に寛容さを示したという。自分の妻にも、二人はイスラム教徒を娶り、あとの二人はヒンドゥー教徒であったという。

暫定的に小さな宮殿を造ったアクバルは、堅牢《けんろう》な城壁を築いて外敵の侵入に備えたといい、今もなお残る、赤い砂岩の城壁と、それを取り囲む堀は当時のままらしい。やがて城壁が完璧なものとなると、今度は宮殿に着手し、立派なものを建てたというけれど、イギリスの侵攻によって、全て壊されてしまい、今は遺跡となっている。広大な敷地内には、アクバルの息子、4代目のジャハーンギールが建てた宮殿もあり、宗教の多様性に寛容な姿勢を貫いた父に倣って、この王も二人のイスラム教徒と、二人のヒンドゥー教徒を娶り、唐草模様の象嵌細工や、ダビデの星、透かし彫りなどが刻まれたイスラム建築様式の建物に隣接して、像の頭を持つ神様ガネーシャや蓮の花を配したヒンドゥー建築様式の建物が建っている。つまりヒンドゥー教徒の妃たちは王との結婚後も改宗させられることなく、自らの神に祈りを捧げることを許されたのだという。

さて、ジャハーンギール王の息子、ムガル王朝の5代目王シャー・ジャハーンの時代には、父の建造した宮殿のほかに、大理石を配して改築、増築したエリアがいくつかあった。当時、謁見室には宝石を埋め込んだ金でできた孔雀の王座があったといい、世界で一番大きいコヒヌール・ダイヤモンドは、シャー・ジャハーンの王座から取られたものだという。コヒヌールはその後、幾度かの戦争で奪われ奪還されるという運命を繰り返し、現在はイギリスの大英博物館に展示してあるのだとか。

敷地内には政《まつりごと》を行う公式の部屋以外にも、祈りを捧げるためのモスクや、常時300名もの美女を住まわせたというハーレムもあった。

ハーレムでは週末の遊びとして70名の美女とともにプールで水遊びをし、二人の女性がワイングラスを、二人の女性がワインボトルを、4人の女性たちがスナックの入った器を手に王の周りを取り囲み、遊戯に明け暮れたという。水中にはプールの周囲をぐるりと取り囲むようにちょうど70名が座れるだけの腰掛が作ってあった、因《ちな》みに王が好んだワインは、ハーレムの中庭にあった葡萄畑からつくられたものだという。現在でもその名残で、2本の葡萄の木が植えられている。

美女と一緒にワインを飲みながら水遊びなんて、さぞかしご満悦だったことだろう。できれば私も王のように、美女たちと一緒に遊んでみたかった！　王が美女と戯れるための寝室にはベッドは置かれずに、ペルシャ絨毯が敷かれ、天井からはブランコがぶら下がっていたのだという。それは国を治める王だけに許された甘い酔狂の時間なのだった。

端から見るとバカげているけれど、私がもしも王と同じ立場だったら、恐らく同じように遊んだだろう。たとえそれが空しいものだと気づくことになったとしても。事実シャー・ジャハーンは、最愛の妃ムム・ターズを亡くしてからは一切の女性たちを引き取らせ、娘たちとともにひっそりと暮らしたのであった。

74歳で永眠するまでの8年間、幽閉された塔で何を思ってすごしたのだろうか？自らの手で築き上げた城に、自らの息子によって囚われるというなんとも皮肉な最後を迎えたわけだけれど、これもまた人生の光と影ということだろうか。

王たちの物語以上にカンさんが熱く語ってくれたのは、象嵌細工についてだった。大理石に貴石をはめ込んで作られる象嵌細工は、もともとインドにあったものではなく、これもまた近隣諸国から職工たちを連れてきて取り入れた技術だったという。ムガル王朝の建造物に関わった後もインドに残り、一子相伝で継承してきた技術が今もなお残っており、街のいたるところに象嵌細工の工場があるという。

「せっかく宮殿の本物を見ましたから、本物が欲しくなりますね？　どうやって作っているのか見たいですか？」

「いや、いいです。最近物欲ないんです」

「でも昔と同じ大理石、同じ貴石で、昔と同じ接着剤で作っています。インドの歴史を知ることになりますから、是非見に行きましょう。ムガル王朝なしにはインドの発展はあり得なかったんです」

きっと、日本人なんだから、インドのお土産を買って行けということなのだろう。

欲しくもない大理石をあの手この手で買わされるより、日本の着物にも共通するところのあるサリーの生地を見てみたい旨を伝えると、「それではサリーのお店を知っていますから今から案内します」と言って、なぜかやはり象嵌細工の工場に連れていかれたのである。

仕方なく中に入ると、すでに日本人のカモが3名座って、日本語で象嵌細工の工程について説明を受けていた。私もその隣に座らされ、実演とともに説明が始まったところで、カンさんはそそくさと車に戻ってしまった。これでもし私が買わされてもカンさんの責任ではないということらしい。

5分にも満たない説明の後、「こうして仕上がった象嵌細工をお見せします」と、案内された2階はショールームになっており、ソファーに座らされてお茶が出されそうになったところで、「私は必要ないので結構です」と立ち上がるとギロリと睨まれ、「どうぞ、見ていってください。帰るなら、見てから決めてください」と強い口調で言う。

見るまでもなく欲しくはないし、ムガル王朝の本物は、タージマハルでもアグラー城でも十分見たのでもう結構だ！　他の日本人にも、「必要がなければお帰りになって大丈夫だと思います」と促してさっさと店を出た。

手ぶらで戻ってきた私を見てカンさんは残念そうだったけれど、こちらはそれどころじゃない。危うく押し売りのカモになりそうだったのだ。しかし、カンさんを責めることができなかったのは、やはり日本人の平均的な暮らしはインドの貧しい人々と比べて遥《はる》かに豊かで、こうした象嵌細工のような伝統を守るために皆で協力し合っている節も見受けられたからだった。恐らくカンさんは象嵌細工屋からマージンをもらっているのだろうけれど、これくらいのことを見過ごせずにこの国を旅することは難しいのかもしれない。

サリーを売る店では、上質なコットンやシルクの生地をたくさん見せてもらった。

街行く女性たちが、一反の布を効率よく使って纏うサリーやパンジャビドレス（簡易版サリー。長めのチュニックにパンツをはき、ストールを巻く）のスカーフをヒラヒラと風になびかせて歩く姿はとてもエレガントだった。かつての日本女性も同じように一反の布から作った着物を着て歩いていたことを思うと、近いものを感じるけれど、インドの女性が今もなお伝統を守り、サリーを身に着ける姿には学ぶべき点が多い。

現在ではサリーも日本の着物と同じように、機械織りのものや化繊、シルクと化繊の混紡などもたくさん出回っており、手機織りのものは貴重だという。色とりどりの生地は眩《まばゆ》いばかりに輝いていて、試着をしてみると、ついつい欲しくもなったけれど、値段の張るわりに、5メートルもある生地の使い道を考えると、ピンクと赤が混じったきれいなストールを買うにとどまった。

これで私もインドの男性のように、頭や首に巻いてみたり、イスラム教徒の女性を真似てブルカのように被ったりできる。ただしインドの人々のように生地がくたびれていい味が出るまでは少々時間がかかる。真新しくて少々照れくさいストールを早速頭に巻いて車に乗ると、アグラーカント駅に向かった。

20：43出発の2100 Bhopal Shatabdi Express はどうやら遅延気味で、なかなかやってこないものだから、ひっきりなしに子供たちが近寄ってきては、何か食べ物をくれという。初めのうちは断っていたのだけれど、目の前で追いかけっこをしている子供たちに目を奪われて、ついビスケットを買う羽目になった。「チャパティーが食べたい」と言うので、お腹を空《す》かせているのだろうと思い、売店に近づくと、差し出した10ルピーの使い道はチャパティーではなく、ビスケットに変わっていた。子供と売店のお兄さんとの間で交渉が成立していたのであった。

ところがお礼も言わないので、無理やり「ありがとう」と言わせ、ビスケットを皆で分けるように言うと、嫌だと言って走り回り、巧みな演技に騙《だま》された私は完全にバカにされていた。その様子を見ていたほかの子供たちも買ってくれと言うけれど、私が買ったビスケットを見せびらかしては走り回る子供を指差して、皆で分けなさいと言った。そう何度も騙されてたまるものですか。

30分ほど遅れてようやく到着した列車ではミネラルウォーターが配られ、夕食も振る舞われた。ヴァラナスィからアグラーへ来たときには何があっても飲食を避けたのだけれど、乗った列車が寝台タイプではなく、全ての人間に平等に配られる食事だったため安全だと判断して、試しに食べてみることにした。

飛行機の機内食のようにベジタリアンかノンベジタリアンかを選ぶことができたので、迷わずベジタリアンを頼むと、豆のスープと、チーズのカレー、アルミホイルに包まれたチャパティーと、サフランライス、生野菜、素焼きの器に入ったヨーグルトなどが簡素なお盆に載せられて出された。どれもものすごくおいしいとは言えないけれど、熱々が供されることに関しては、鉄道会社の努力が見られてちょっと嬉しかった。

デリーに着いたときには23時30分を回っていて非常に疲れた。上の棚にのせた荷物を、乗り込んできたポーターに任せて迎えの車に向かうと、頭にのせた荷物の料金は60ルピーだという。どうやら相当重かったようで、「これでは2人分じゃないか！」と怒られたので、言い値を払った。しかし、確かにあんなに重い荷物を運んでくれて、自分の関節への負担が軽くなったのだから、60ルピーなんて安いものだ。

8月7日　合理的(?)なインドの結婚

こんなに短い期間にあちらこちら旅をするのは実は苦手で、本当はひとつの場所でのんびり過ごしたい派なのに、ましてや観光なんてもっと苦手なうえに、デジタルカメラなんか持ち歩いて記録写真まで撮っているものだから、物凄く疲れる。

さて、昼からの行動では、まず食事を摂ることにして、グプタさんお勧めのベジタリアンレストランに案内してもらった。いつも地元の人間で込み合っているという南インドのベジタリアンレストランではお好み焼きを頼んだ。

細かく刻んだキャベツやタマネギ、ニンジン、インゲン、ココナッツなどが、米の粉に混ぜて焼いてある。これにソースをかければ日本のお好み焼きとほとんど変わらないけれど、南インドでは、これにサンバルや、ココナッツのチャツネ、ヨーグルトにタマネギやトマト、きゅうりなどが入ったダヒーがつく。手でちぎって、それらのソースに浸しながら食べてみると、なんだか、懐かしいようで、新しい味でもあった。

昨日から多少の生野菜はためらいもせず食べてしまっているのだけれど、どうやら今のところ大丈夫そうなので、またもやダヒーの野菜を食べた。隣の男の子が食べていたジャガイモ入りのドーサがおいしそうで気になって仕方がなかったけれど、自分の分を残さず食べて満足したので、観光に出発した。

まず初めに訪れたのは、ムガル王朝がインドに入ってくるより遥か昔、今から1000年ほど前に、イスラム教徒の王クトゥブウッディーン・アイバクがヒンドゥー教徒との戦いに勝ってデリーを圧制した証に建てた塔だというクトゥブ・ミナール。周囲に建てられたモスクには、ヒンドゥー教の寺院を壊して出た建材が使われており、赤砂岩のガネーシャ像やヴィシュヌ神などが、大理石の透かし細工とともに建物の一部をなしている。

「いつの世も王様は権力を誇示したがるものなのですね」と言うと、「王様が普通だったら王様じゃなくなっちゃうでしょう。王様は普通の人にできないことをするんです」と叱られてしまった。

「あなたにはこれが必要ですね」と言って、敷地内にたくさん植えてあるアショカの木からグプタさんが葉っぱを1枚取ってくれた。アショカの葉を本の栞《しおり》にすると頭がよくなるといって、インドの学生たちは必ず愛用しているのだという。

どうか私の頭もよくなりますように！

次に向かったのはタージマハルの原型とも言われるフマユーン廟だった。ムガル王朝の2代目の王フマユーンが亡くなったときに、その死を悲しんだ妃が造らせたものだそうで、この当時のイスラム建築様式の典型的な形、ドームを囲うように建物が建ち、アラブ様式の入り口と透かし彫り、アラビア語のカリグラフィーが配してある。東西南北は全て対称に造られているが、タージマハルと異なり赤砂岩と大理石を併用して建てられている。大きさの面でも多少劣るが、素晴らしい建築であることに変わりはない。

この場所に来ると、交際が長続きするというジンクスがあり、恋人たちのデートスポットになっているらしい。お見合い結婚が当たり前のインドで、デートなんてするのかしら？　と素朴な疑問をぶつけてみると、

「本当は、お見合いしか駄目ですから、インドで恋人を作るのは難しいです。親が厳しくて門限があったりしますから。でも、時々内緒でデートする人もいます」

それでは、恋人がいる人はどうやって結婚するのだろうか？

「恋愛結婚は滅多にないです。大抵は、恋人がいても親の決めた人と結婚します。でも、どうしても恋愛結婚したければ、駆け落ちすることもあります」

当のグプタさんも恋人はいるそうだが、彼女の料理を食べたことが一度もないという。なぜなら、外でこっそり会っているからなのだった。

「インドでは、恋愛結婚よりも、お見合い結婚をしたほうが長く続きます。恋愛結婚だと、周囲の反対があるので様々な問題を二人だけで解決しなければいけませんが、お見合い結婚なら、家族や近所の人が助けてくれますから、喧嘩をしても、またうまくいくようになるんです」

なるほど、そういう考え方も、ある。けれどグプタさん、自分の恋人はどうするのかしら？

「僕もいずれは親の決めた人と結婚します」

それでグプタさんが幸せなら構わないけれど、ずいぶんしっかり割り切っているんだなあ。

こうしてマハトマ・ガンジーのお墓に着くまで、グプタさんの結婚観、そしてインドの平均的な結婚観についての話に花が咲いた。大勢の人で賑《にぎ》わっていたラージ・ガートは、インドの父と言われるマハトマ・ガンジーのお墓である。

「ガンジーさんは偉い人です。インドの不可触民が大学に行けるようになったのはガンジーさんのお陰ですし、イギリスから独立できたのもガンジーさんがいたからです。インド人はみんなガンジーさんが好きです」

と、グプタさんが説明してくれた。

偉大な指導者で、不可触民をハリジャンと言って慈しむ一方で、敬虔なヒンドゥー教徒であった彼はカースト制度を容認するという矛盾を抱えていたという話もあるし、イギリスからの独立を助けた大いなる人物として人々に愛されていたのは確かだけれど、ある方面からはインドとパキスタン分断のきっかけを作ったといわれ射殺されてしまったという。いずれにせよその功績は計り知れず、多くのインド人そして国際社会の敬愛を勝ち取ったことは事実であろう。

さて、インドがイギリス統治下にあった1914年、第一次世界大戦が勃発し、「戦争に勝てば独立を約束する」という言葉を信じてインド兵たちを派兵した。しかし、イギリスは勝利の後もインドに居座り続け、約束は果たされなかった。

その代わりにと、戦場で亡くなった兵士たちの名前を刻む碑を作ろうと言って、大統領官邸からまっすぐ続く国道に、インド門なる巨大な門を建てたのであった。

コンコルド広場からまっすぐ続くシャンゼリゼの果ての凱旋門のようで、ニューデリーという街はなんだかとても西洋的なのである。イギリスが支配していたのだから当然か。町全体が整然としすぎていてインドに来た気がしないのも、1947年8月15日の独立まで200年にもわたって続いたイギリスの支配が、インド古来の様相を変貌させてしまったのである。

きれいすぎる街並みに不満を示すと、地元の人々が日常的に通うマーケットへ案内してもらえることになった。人々の暮らしぶりを覗いてみたくて、人の波に呑まれてみると、外国人がよっぽど珍しかったのだろう、クスクス笑いながら通り過ぎる人がたくさんいた。

チャッパルという、ラクダの皮で作ったシンプルなサンダルが眼に入り、試しに履いてみたのだけれど、皮の質がかたく、柔らかく馴染むまでには相当時間がかかりそうだったので、靴擦れの足で旅をするのは賢明ではないと判断し、買うのを諦めた。

サリーを売る店ではセール期間中だったらしく、カラフルな生地や、パンジャビドレスが安く売られていた。思えば今回の旅には正装を一着も持ってこなかった。明日から宿泊する予定のリシケシュではスパがメインのホテルに行くのだから、パンジャビドレスくらい持っていないとまずいのではないかと思い、350ルピーのラックを真剣に吟味した。

日本円にするとおおよそ1000円くらいだから、ユニクロではロングスリーブのTシャツが1枚買えるくらいかしら。1000円でトップスとボトム、おまけに揃いのストールまでついてきたら十分すぎるくらいだけれど、2着買ったらもっと安くなるかしら？　と、深紅と紫、2着のパンジャビドレスを持ってディスカウントしてくれるように頼んだけれど、「これはすでにセール価格だから、これ以上は値引きできない」と突っぱねられてしまった。

「では、いりません。またの機会に」と言うと、大抵は「あ、ちょっと待ってくれ！君の言う値段でいいよ」となるのだけれど、今回はそういうわけにはいかなかったので、表示価格を素直に払って、2着のパンジャビドレスをデイパックに詰め込んだ。

人ごみが苦手なのと、買い物でたくさんのものを見ると目が回ってしまうため、サリー屋さんを出るとすぐにホテルへ戻ることにした。

グプタさんと別れた後に、モティマハルという北インド料理のレストランへ出向いた。大使館などが林立するエリアにあるだけあって、昼のレストランに比べると庶民的な空気には欠けるが、大変おいしいと評判の店らしい。

インド料理の店には、なぜか中華料理も出すところが多い。メニューの始めか終わりのほう、チャイニーズと書かれたコーナーに、酢辛湯《サンラータン》やスイートコーンスープなどがある。

試しにインド式中華料理を食べてみようと、酢辛湯を所望し、メインにはグリーンピースとマッシュルームのカレーにチャパティーをつけてもらうことにした。

「これはお腹にいいから食べてごらん」と言って、隣に座ったイギリス人の男性たちが、ひとりで食事をしている哀れな日本人に、ダヒー（ヨーグルト）を恵んでくれた。私の食事が現れるまでに、彼らのテーブルには数々の品が並び、そのたびに「これもおいしいから食べてみなさい」と味見をさせてくれた。

ヒンディー語の複雑な名前に躊躇《ちゅうちょ》して自分では頼めずにいた、パランタという、パンの中にジャガイモの炒り煮が挟み込んであるものをいただいたのはとてもありがたかったけれど、「もっと食べなさい」と言われたときには自分の食事が入らなくなるのでお断りしてしまった。一人旅は多少の危険も伴うようだが、多くの人が親切にしてくれるし、新しい情報を得るには身軽でいい。そして何よりも、目的の場所を自由に選ぶことができるのは、とても気楽だ！

8月8日　ヨガ修行にチャレンジ

朝6時にホテルを出発し、ニューデリー駅へ。

駅のホームでは、ニームの枝で歯を磨いているおじさんを発見。歯磨き粉をつけていないはずなのになぜか泡立っている。汚れた服を着ていても、歯だけはかなり念入りに磨いているあたり、インドの人々の衛生観念は不思議だ。

6：55発の2017 Dohradun Shatabdi Expressにてハリドワールへ。忙《せわ》しない観光ラッシュはひとまず休憩して、前作の映画で魂の底まで溜《た》まった疲れを癒すために出発した。約4時間の列車の旅では、インドの大半を占める農村部を通り過ぎていく。

立派な制服を着て、ディスポーザル手袋をはめた男性によって朝食が配られたけれど、食パンとコロッケ、フライドポテトといった、ローカル色の感じられないものだった。

11：05にハリドワールへ到着し、例のごとく公認ポーターに荷物を任せて、迎えの車を探した。ガンジス河に臨む町ゆえヒンドゥー教の聖地としても有名で、ホームには全身オレンジ色の服を身に着けたサドゥー（修行僧）や巡礼者たちがたくさんいた。

この駅でもタクシーの勧誘は引きも切らずにやってくるけれど、ヴァラナスィに比べて、観光客に対する悪意がないように見えるのは気のせいだろうか。物乞いの中年女性を振り切るように車に乗り込むと、ガンジス河の上流、ヒマラヤ山麓の街リシケシュの更に上方に位置するガルワールへと向かった。

ここ数年この地域が気になって仕方がなかった。わかりやすい簡単な理由はヨガの聖地であるからなのだけれど、山裾のきれいな空気の中で行う瞑想はさぞかし気持ちがいいのだろうと期待して来たのである。身体的なヨガもさることながら、最も必要なのは呼吸法と瞑想だと自覚したのは、タイで出会った先生に誘導された瞑想で、宙を浮くような幸福感を味わったからである。もちろん本当に空を飛べるはずはないし、あくまでも、宙を浮いたように感じるくらい、自分の肉体から精神が自由になったというだけのことなのだけれど、あの幸福感をもう一度味わってみたいと願ってこの場所を訪れたのである。

とはいえヨガを始めてからまだ2年のビギナーだというのに、いきなりアシュラム(ヒンドゥー教の修道院。ヨガをはじめとした修行をする場所)へ行くのも恐ろしかったので、自らに贅沢を許して「アナンダ・イン・ヒマラヤ」に宿泊しつつ、このあたりの様相を探ろうというわけなのだ。

リシケシュの街を流れるガンジス河を望む山の中腹にあるそのホテルは、かつてのマハラジャ宮殿をレセプションエリアに使用し、広大な敷地にはゴルフコースあり、スパエリアあり、宿泊塔ありと、自然を満喫しながら心身をリフレッシュすることが可能である。食事も極力カロリーを抑えてあるらしく、玄米やベジタリアンメニューの所望も可能だが、到着早々昼食を摂るために向かったレストランで、何を間違ったのか、インド料理以外のものが食べたくなり、ミネストローネ、梅干ソースのわかめサラダ、スパゲティ・ジェノベーゼを頼んでしまった。

インドの人々にとって不得手な料理を頼んだ私がバカだったのだけれど、努力の片鱗《へんりん》こそ見えるものの、決しておいしいとは言えなかった。わかめサラダにかかっていたのはごま油に、練り梅が入ったソースで、なんとも言いがたい香りだったし、スパゲティーは茹《ゆ》ですぎで太い気がする。

街に溢《あふ》れる貧しい人々の暮らしに比べれば、お腹いっぱい食べられるだけでありがたいことのはずなのに、こんなわがままを言って申し訳ない。ここでもきっと、彼らの得意なインド料理を頼めばおいしいに違いない！　味はともあれ、約1名のやる気のない、ベタベタと音を立てて歩くスタッフ以外は、とても丁寧な給仕とさわやかな笑顔で好感が持てた。

食後はヨガについてのコンサルテーションを受けた。ラムさんというヨガマスターが、日頃の練習の習熟度を見極めて、私に最も相応《ふさわ》しい教え方を探してくれる。

「あなたに必要なのは、フィジカルなヨガよりもメンタルなヨガ、瞑想です。アサナももちろん有益ですが、それよりももっと多くの時間を瞑想に費やすといいでしょう」

私が何かを話す前にほとんどのことを言い当てる。恐らく人間を大別すると、何種類かの典型的な人格があって、それに当てはめるとおおよその判断がつくのだろう。誰にでもあてはまることを言っている可能性もあるけれど、ラムさんの目は全てを見透かしているような、そのうえ全てを受け止めてくれるような目なのである。

それは恐らく、ラムさんの中に心の平穏と強さ、揺るぎない自信があるからなのだろう。この人のガイドのもとで瞑想をしてみたいと思った。

コンサルテーションを終えると、マハラジャのパレスに数ある部屋のひとつで、チャンドラナマスカラ（月礼拝）のクラスを行っていたので参加してみた。スリヤナマスカラ（太陽礼拝）はいつものクラスで行っていたけれど、チャンドラナマスカラは初めてで、しかも、掛け声の厳しい先生だったので、ついていくのに必死だった。他に2名いたゲストもヨガの経験がない人々で、悪戦苦闘していたようだったので、

「あー、しんどい」だとか「死にそう」といって笑いながらのクラスだった。

もっとも、先生は真剣だから、出来の悪い生徒に教えるのに忍耐力が要《い》っただろう。因みに東京の私の先生は、決して無理はさせないかわりに、少しずつでも前進できるように導いてくれる。今日のこのクラスの先生は、年の頃が私より若いだろうか？　不出来な私たちに少々不満げだった。

ハードなチャンドラナマスカラを終えて、スパエリアに足を踏み入れてみた。とても清潔で、窓からは山々が見え、外光が穏やかに射していて気持ちがいい。ドライサウナ、ミストサウナ、水風呂、ジャグジー、足裏を刺激するための石が敷き詰められた自ら歩くフットバスなど、施設は充実しており、様々なトリートメントも受けられる。ドライサウナとフットバスを楽しんだ後、パレスで行われる瞑想のクラスに参加。先ほどのチャンドラナマスカラの先生より、ひと回りくらい年上の落ち着いた先生が指導に当たる。

「これは誘導による瞑想です。皆さん、瞑想の経験はありますか？　さて、瞑想とはなんでしょうか？」

参加者のひとりが「瞑想とは無になることです」と言う。

「そのとおりです。しかし、無になることは簡単ではありません。無になるために多くの働きかけをします。そして、瞑想の達人になるには多くのトレーニングが必要です。これから行う瞑想では、まずオームを3回唱えます。そして、3種類のプラナヤーマ（呼吸法）をした後、シャバアサナ（屍《しかばね》のポーズ）で静かに瞑想します。

目を閉じている間、自分の中に何が起ころうと、それにリアクションしないこと。全てを観察してください。軌道を修正したり、ジャッジしたりせずに、想念の赴くままをただ観察してください。たとえば私があなた方を観察するかのように、客観的に見てください。最後に再びオーム、シャンティーを唱えて終わります。それでは目を閉じてください」

と言って、胡坐《あぐら》の姿勢でカパラバティーというリズミカルな腹式呼吸から始まり、片鼻呼吸に続き、最後は大きく吸った息を、ハミングをしながら吐ききるという方法を行ったのち、仰向けに寝て静かに先生の声に耳を傾ける。

「足の指先を感じてください。足首を感じてください。ふくらはぎを感じてください。身体はリラックスしています。呼吸は自然で、穏やかです」

と耳に心地のよい穏やかでゆっくりとした声に導かれて、眠りと覚醒の間を彷徨《さまよ》うのはとても気持ちがいい。眠ってしまいそうなのだけれど、その手前で我慢すると、たとえようのない幸福感が味わえるのだ。しばらく静けさが続いた後、できれば一生このままでいたいというような至福の時も、先生の掛け声によって終わりを迎え、再び胡坐にもどってオームを唱えると、クラスは終了となった。

パレスから自室へと戻る道を歩く間も心の平穏は続き、周囲の緑が語りかけてくるような気がして、ついつい立ち止まってはじっと眺めてしまった。

夕食には、デリーのマーケットで買ったパンジャビドレスを身に着けていく。どこの国でもそうだが、挨拶《あいさつ》を覚えたり、その国の服を着ることで敬意を示したりすると、急にみんなが優しくなったりする。

そして、今宵身に着けたパンジャビドレスは、テラス席の暗がりで本を読むための2つ目のキャンドルと、虫除けキャンドルを速やかに手に入れるのに役立った。

食事は昼の失敗を生かして、インド料理を頼んだ。レンズ豆のもやしのサラダに、マスタードオイルを垂らしたほうれん草のスープ、ナスの炒め物、豆カレー、カッテージチーズのブラックペッパー風味に玄米をつけてもらった。昼とは打って変わってとてもおいしく、脂は控えめなのが嬉しい。そして、キャンドルの明かりだけを灯したテラス席は、木々の匂いがして気持ちよかった。

8月9日　あちら側の世界へ

午前7時30分からパレス内で毎朝行われるヨガクラスに参加してみると、あくまでも初心者向けのクラスだったが、ひとつひとつのポーズを全員が理解するまで時間をかけるので、その間ポーズをホールドしてみると、物凄くきつい。決して侮れないのである。今回初めて行ったポーズもあった。片足で中腰状態になり、その上にもう片方の足をのせ、更に座りを深くして姿勢を正し、手は合掌にするというバランスのポーズは極めて難しかった。

クラスの後に敷地内を歩いてレストランへと向かう。朝靄《あさもや》に霞《かす》むヒマラヤの丘陵と遠くに見えるガンジス河は山水画のようで美しい。

テラス席に着くとマサラドーサを頼み、ビュッフェコーナーからは、フルーツとキュウリ、ヨーグルトをお皿に載せた。

インドに来て以来、乳製品以外はベジタリアンを貫き（つまりはインド式ベジタリアン）、アルコールも一切口にしていない。まだ1週間なのでその効果のほどは定かではないが、気分だけでも大事だったりする。

マサラドーサは、スパ料理のため最小限の油で調理してあり、以前に食べたときのパリパリ感には欠けるが、味は繊細でおいしい。ただし、用意されたフォークとナイフで食べたのは間違いだった。日本のおにぎりと同じで、ドーサは手で食べるのが一番おいしいのだ。

食後にチャイを飲み、満足したところで部屋に戻り、昼食までの時間を読書に当てようと、本を取り出したものの、数ページ捲《めく》っただけで眠くなってしまい、デリーでいただいたアショカの葉を挟んで寝ることにした。

昼食には、マスタードオイルを垂らしたアスパラガスのスープと、レンズ豆とトマトのカレーに玄米を添えてもらった。油控えめのカレーは胃にもたれず、おいしい。インドの玄米は、日本で圧力鍋を使用せずに炊いた場合の硬すぎる玄米に比べて水の含み加減がほどよく、汁気の多いカレーにも合って食べやすかった。

たいていの場合デザートは食べないのだが、スタッフがしきりに勧めるので、アーユルヴェーダのタイプ別に処方されるフルーツの盛り合わせを食べた。このレストランでは、スパで行われるアーユルヴェーダトリートメントと連動して、各タイプごとの食事メニューもあるらしい。食欲と消化を増進させるためのドリンクとお白湯《さゆ》から始まり、前菜とメインが供されるそうで、夕食には身体を酸性に傾けるフルーツなどのデザートは控えるそうだ。今宵から早速アーユルヴェーダメニューに切り替えることにする。

14時からプライベートヨガセッションで、前日にコンサルテーションをしてくれたラムさんの部屋へ入る。

まずいつものスリヤナマスカラを見せるようにと言われたので、ひととおりこなしてみせると、私のウイークポイントをすぐさま指摘され、改善するための方法を伝授された。

それから、鋤《すき》のポーズから肩立ちのポーズへ、ゆっくりと、この上ないくらいゆっくりと移行するようにと指示された。自分なりのスピードで肩立ちのポーズに入る。

「ポーズの完成形は誰でもできます。大事なのは、その過程です。あなたは基礎的なポーズをとるのにもう問題はないでしょう。これからは、そのポーズをいかにゆっくりと、そしてやわらかく行うかが重要です」

肩立ちのポーズから、足をおろしていく過程でも、椎骨をひとつずつゆっくりと床につけていき、最後に足を下へおろすのだけれど、この椎骨をひとつずつおろしていく途中で「ストップ」との声がかかり、非常に苦しい姿勢でキープさせられる。腹筋がちぎれるのではないかと思うくらい痛いというのに、

「ほら、痛いでしょう？　ヨガは自分の身体と精神に、教える行為なのです。日常的ではないポーズをとることで、日々の暮らしでどんなハプニングがあろうと慌てない精神をこうして培っているのです。ヨガは道です。生き方のひとつなのです」

「はい、そうです！　でも、早く解除してくれ！」と思いながらもラムさんの穏やかな声には逆らえず、ついつい踏ん張ってしまう。ヨガは道ですというその話をどこかで聞いたことがあると思いきや、お茶の稽古でも同じことを言われていた。結局方法は異なれど、みんな同じなのね。

「ヨガはただポーズをとることが目的なのではありません。両足を首にかけたり、2本の腕だけで身体を支えたりということは、人を惹きつけることはできても、それはただのポーズでしかありません。あなた自身にはなんの影響も及ぼさないでしょう。それよりも、過程を大事にしなさい」

「では、ああいったポーズを練習する必要はないんですね」

「全くありません。できるならやっても構いませんが、それよりも大事なのは、どのように行うかです。今どのくらいの割合でヨガを練習していますか？」

「週に2回くらいです。駄目ですか？」

「全然駄目です。週に2回、2時間行うよりも、毎日10分でも継続して行うことです。

食べること、眠ることは人間の基本ですね。ヨガもそれと同じです。ヨガは自分を律する方法です。自分自身と向き合い、律することを知らずして、どうやって社会の人々と向き合うのです」

怠惰な暮らしを指摘されて耳が痛かったが、ラムさんの声と目は人を説得するに足りる力を持っている。鋤のポーズのほかにも、ブリッジの正しい行い方や、ツイストのポーズを習うと、

「スリヤナマスカラとこれら4つのポーズだけでも十分ですから、毎日行うことを勧めます。滞在中に自分の部屋でやってみてもいいでしょう。そして、自分の練習の過程で生まれた質問をいくらでもしてください。そうした質問を私は待っています」

と言われ、毎日の自主練習を約束して、静かな部屋を出た。

自室に戻ってからも、しばらくはラムさんの言葉がこだましていた。できもしないのに毎日の練習を約束してしまうなんて！　約束は、破るためにあるって、誰かが言っていたなあ。

身体が少しだるく、眠気が襲ってきたものの、瞑想のクラスに参加するために、坂道を登ってパレスへと向かった。道の途中でカンカン音がするので、その方へ目を向けると、啄木鳥《きつつき》がくちばしで木を突いていた。野生の啄木鳥を見たのは生まれて初め

てで、心が躍った。愛玩動物は特別好きではないのに、自然の中に棲息《せいそく》している動物を見ると、とても清々《すがすが》しい気持ちになれる。歩みを進めた先にはこれまた野生の猿がお出ましで、しばらくの間お互いに見つめ合っていたが、ややもすると瞑想のクラスに遅れそうだったので、猿との会話は慎んだ。

パレスの部屋で待っていたのは、先ほど別れたばかりのラムさんで、前日と同じように、カパラバティーに始まり、片鼻呼吸、ハミングを行ってシャバアサナに入った。ラムさんの素晴らしい声に誘導されながらの瞑想では、トンネルを物凄いスピードですり抜けるイメージが浮かび、そのイメージに身をゆだねていると、いつしかトンネルを抜け、この世にいながらにして宇宙を彷徨っているかのような静けさと、浮遊感を味わうことができた。心地よさに酔って、一生このままでいたいと思っている頃に必ず終わりはやってきて、幸福感に別れを告げて胡坐のポーズにもどるのであった。

どんなに心の静寂を味わっても、いずれはこうして現実との折り合いをつけなければならないのが少々哀しいけれど、あちら側にとどまることはむしろ簡単で、こちら側の世界で強く生きる方法をみつけることが重要なのかもしれない。

夕食時にレストランへ向かったのだけれど、心なしか胃が痛む。しかし目と口が欲したので、アーユルヴェーダの処方に基づく食事をいただいた。まず差し出されたのは、りんごジュースにレモン汁とヒマラヤの岩塩を加えた、食欲と消化増進のためのドリンク。これは思いのほか飲みやすく、東京に帰ったら真似してみたいもののリストに加わった。そしてお白湯は食事をしながら常に補給するようにとポットに入ったものが供され、トマトスープがそれに続いた。おいしくトマトスープをいただいた後に、レンズ豆とトマトのカレーにチャパティーがついてきた。胃が痛むのがやはり気になり、2枚あったチャパティーのうち、1枚分を食べると、部屋に戻って休んだ。

8月10日　腹痛。インドの洗礼を受ける

前日に引き続き胃の痛みを感じる。キリキリと刺すように痛むので朝食を控えて部屋でゆっくり休む。朝のヨガクラスもパス。

この場所では、晴天でなくとも木々のざわめきや霧に霞む彼方の景色を見るだけで心安らぐ。ここ数年はリゾートといえば海を目指していたけれど、こうして山の中に入るのもいいものだ。

昼食どきにようやく部屋を出てレストランに向かった。午後のプライベートヨガセッションに備えるために、少しでも食べておこうというわけだった。

オーダーを取りに来たスタッフに胃の調子が悪い旨を言うと、「まずはお白湯とミントティーを飲みなさい」と言って一旦下がり、ドクターを呼んできてくれた。ドクター曰《いわ》く、インドではこうしたときにキッチディーというレンズ豆とお米のお粥を食べるのだそうで、私にもそれを勧めてくれた。ミントティーにレモン汁を入れて飲むことも有効だとのこと。ドクターが指示を出す前に気を利かせたスタッフがミントティーを運んできたので、しばらくしてまだ痛いようだったら再び相談するようにとの

ことだった。

ミントティーを飲みながら、用意された野菜の入ったクリアなスープをいただくと、心なしか痛みが軽減したような気になったけれど、炒ったクミンシードの入ったキッチディーを食べ始めると再び胃がキリキリと痛んだ。

部屋に戻ると、胃が痛いだけではなく、お腹の調子も悪くなってきた。いよいよインドの洗礼が始まったのである。この国に入ってから最初の数日間、それはそれは丁寧に除菌をし、火の通っていない食べ物には一切口をつけなかったのだけれど、ここ数日は、目にするおいしそうなものはひととおり口をつけるようになって、生野菜だろうがフルーツだろうが、食後にワサビで殺菌することもなくなっていた。何が直接の原因かわからないけれど、油断が招いた災いだった。

お腹の具合と相談しながらだったので、14時のプライベートヨガセッションに遅刻してしまい、フロントから催促の電話があった。いつもだったら休んでしまうのに、ラムさんとのセッションを逃すのだけはもったいないと、急いで部屋を出るとスパエリアへ向かった。

「今日はヨガはやめましょう。この状態でヨガを行っても、何の助けにもなりません。あなたが嫌でなければ、レイキを施すこともできますが、どうしますか？」

レイキについて詳しいことはよくわからないけれど、心の中で祈りを唱えながら行う手当てみたいなものだろうか？　日本で発祥して以来世界各国に広まったらしく、あちらこちらのスパでレイキが取り入れられているらしい。せっかくなので、ラムさんの勧めにしたがって横になり、手当てを施してもらうことにした。

「オーム、にくgyvcぼlphgtcvklll」というマントラ（祈りの言葉）に続いて、ラムさんがこすり合わせた両手を私の腹部に当てると、手の熱がじんわりと伝わって温かくなった。「ゆっくりとうつ伏せになってください」と言われて眠っていたことに気づき、うつ伏せになってから再び眠りに落ちた。

それは、瞑想や、単純な眠りとも異なる心地よさだった。頭や顔にも手当てをしてもらい、レイキが終了すると、胡坐の姿勢になって一点集中の瞑想を行った。頭のてっぺんに意識を持っていき、目を閉じて静かに呼吸をする。無になることこそできなかったけれど、レイキのあとでボーッとしたまま、いい気分で瞑想をすることができた。

ラムさんの声に促されて現実に戻るのは少々惜しい気もするけれど、それもまた仕方がない。

「今日は、いかなるアクティビティーにも参加せずに、ホットウォーターバッグをお腹に当てて寝ていなさい」

と言って、ホットウォーターバッグを私の部屋に入れておくようにとの指示を出してくれた。そのときになってようやく気づいたのだけれど、室内の電話は受話器が上げてあり、セッションを邪魔されないようにと、ドアに鍵もかけてあった。こうした細心の計らいに改めて感謝してゆっくりと部屋を出ると、パッケージに含まれていたスウェディッシュマッサージを受けにスパエリアへ戻った。

私を迎えてくれたのは、我々日本人に顔貌の似たシッキム州出身の小柄な女性だった。インドでも東北の山岳地帯ではチベットやネパールの血が混じった人も多いらしく、色が黒く背が低いドラヴィダ系や、肌色が白くヨーロッパ的な顔立ちのアーリア系だけがインド人ではないのだという。

静かな部屋の、オイルランプだけを灯した薄明かりの中で横になると、チーンという鐘の音を合図にマッサージが始まった。テラピストの暖かい手で、全身はもちろんのこと、頭髪にもオイルをつけて、丁寧にマッサージしてもらう。もうどうにでもしてくださいという気分で、全てをその素晴らしい腕に託した。

いつの間にか眠りに落ちて、至福の時を味わうも、再びチーンという音で目が覚めた。歩き方、タオルのあてがい方、ドアの開け方にいたるまで全てに神経が行き届いており、こちらのリラックスを妨げるような行為は一切ない。どこまでも、丁寧なホスピタリティーに感心してしまった。

スパ内のリラクゼーションルームでお茶をいただきながら、ヒマラヤ山麓の景色を眺め、マッサージの余韻に浸るのもまた心地よく、小一時間ほどをそこで過ごした。依然として胃腸の具合は悪く、部屋に戻っても寝ているばかりだったけれど、用意されたホットウォーターバッグをお腹にあてがいながらの静かな時間は味わい深かった。

夜になっても調子は相変わらずで、夕食をレストランまで食べに行く気にはなれず、サフランで香りづけをしたカリフラワーのスープと、キッチディーを頼み、入院患者のようにベッドの上で食べた。そういえばフランスではプチデジョネ・オー・リと言って、起き抜けにベッドの中で朝食を食べることが贅沢とされているらしい。これでは、ディネー・オー・リになってしまったけれど、これこそ贅沢なのだと思えば、惨めな気分が少し晴れた。

明日こそはよくなりますように。

8月11日　思えば遠くまで来たものだ

昨夜のディネー・オー・リに引き続き、体調の芳しくない朝はプチデジョネ・オー・リを所望する。朝食メニューの中から、もっとも消化によさそうだったイドリーにココナツ、コリアンダー、トマトチャツネをつけてもらい、ヨーグルトとレモンジンジャーティーもお願いした。

午前中は読書をしながらダラダラと過ごす。窓外の景色は霧に霞んでほとんど見えない。

どうにかしてこの具合の悪さから立ち直れないものだろうか？

ホテルの都合で、一旦チェックアウトをして4日間をリシケシュの街で過ごすことになっており、荷物をまとめなくてはならなかった。渋々とパンジャビドレスをたたみ、洗面所の化粧品を片づけ、東京から送られてきた数々の書類も処分し、電車の旅ですっかり臭くなってしまったキャリーケースに荷物を詰め込んだ。その間も胃痛と腹痛に喘ぎ、どうにかならないものかと、途方に暮れた。

約束どおり、チェックアウトのためにパレスへ向かい、一旦荷物を預けると、レストランへ向かった。体調を心配してくれたので、「やはりまだ具合が悪いのでスープとキッチディーをください」と言った。するとスタッフが入れ替わり立ち替わりやってきては、ミントティーを飲めだの、バナナを食べろ、ヨーグルトを食べろだのとアドバイスをして消えていく。

そうしたわけで私のテーブルには、りんごジュースや、塩と砂糖の入った水にレモン汁を絞ったもの、ミントティー、お白湯、ほうれん草とジャガイモのスープ、キッチディーにヨーグルト、そしてバナナと、数え切れないほどのものが載り、後からやってきたドクター・タンピにはハーブの胃腸薬を処方された。

ヒマラヤ山麓には政府公認のハーブ園があり、数々の薬草が栽培されているのだという。100パーセントナチュラルだから、安心して飲みなさいとのことで、自力で治そうと意地を張っていた私も、ドクター・タンピの勧めに従って、薬を飲むことに決めた。

失った水分を補給するためにと、スタッフが塩と砂糖、レモン汁の入った水をボトルいっぱいに作って持たせてくれた。具合の悪いときには、こうしたホテルの衛生的で迅速なケアが非常に助かる。皆さん、本当にありがとう!

先刻ドクター・タンピに処方された薬のせいもあってか、快方に向かいつつあったので、車に乗り込み、リシケシュへと山道を下った。運転手さん曰く、11月から2月までの間、この界隈ではトレッキングがお勧めらしく、山頂から見えるガンジス河の雄大な流れは最高なのだとか。この季節は霧が多く、見晴らしがよいとは言えないそうだが、いつか試してみるようにとしきりに勧められた。

猛スピードで30分ほどの道のりは、同じく猛スピードのトラックと何度もすれ違い、冷や冷やの連続だったけれど、後ろに乗っている人間のことなんてお構いなしでご機嫌なドライブが続く。

リシケシュで観光するなら、俺を呼んでくれだとか、山頂に昇るなら車でも行けるからいつでも連絡をくれという、お決まりの営業トークが始まった。「そうですね。気が向いたらね」と軽くあしらいつつも、余りにも早く通り過ぎてゆく景色を楽しむ暇もなく、ホテルへと着いた。

ガンジス河も見渡せるこのホテルは街で一番新しいホテルだといい、部屋はとても簡素だが、1450ルピーにしては上等だ。ありがたいことに清潔で掃除が行き届いていることがうかがえる。気温はかなり上昇気味だけれど、天井のファンだけでなんとか凌《しの》げそうだ。

バルコニーからはガンジス河を見下ろすことができ、向かいのパルマトニケタンで行われる夜の祈り、アールティーを眺めることも可能なのだという。

東京に用があったので、部屋から外線電話をかけようとすると、どうも繋がらない。フロントに尋ねてみると、部屋から直接はかけられないことになっており、フロントに電話番号を伝えると、オペレーターを通じてもう一度電話がかかってくるという、大変面倒なシステムになっている。オペレーターの回線が込み合っていると、1時間くらいは平気で繋がらないし、繋がったところで、声は途切れ途切れの悲惨なものだ。よくぞ、こんなところまで来たものだと、自分でも感心してしまったけれど、これでも贅沢な旅をしているほうなのだ。

インドに来て以来初めてひとりで街に繰り出した。思えば観光名所では始終ガイドがついていて、詳しい説明はありがたかったけれど、ハプニングには欠けた感があった。久しぶりに羽を伸ばしてみたくなり、思い切って近所のヨガニケタンを覗いてみることにした。ホテルを出てガンジス河沿いの道を50メートルほど歩いた先に、そのアシュラムはあった。そしてアシュラムの入り口のすぐ向かいには国際電話が可能な有人公衆電話があった。電話はここからかければいいのだ。

さて、石段を上がって丘の上の静かな敷地に入ると、ガードマンがおり、訪問の目的と氏名、訪問時間などを台帳に記入するように言われた。どうやら見学は自由のようだ。そこにはアシュラムの規定が張り出されていた。外部の人間でもヨガクラスへの参加は1回のみ許されるとのこと、それ以上は15日以上アシュラムに滞在してクラスに参加するか、1日400ルピーの付帯ゲストハウスに宿泊する者のみが参加できるという。

アシュラム滞在中は、3度の食事が出るのだけれど、ニンニクやオニオンなどを食べることや、アルコールやタバコ(もちろん麻薬も)などの嗜好品は一切禁じられている。楽器の演奏や音楽をかけることも禁止事項に含まれ、電子機器類も使用不可だそうだ。朝は4:30起床で、5:30から瞑想のクラス、6:30からヨガクラス、7:30から朝食で、12:00に昼食。午後は17:30からヨガクラス、19:00から瞑想のクラスで、20:00から夕食を摂ったのちに就寝だという。

人種や宗教を問わず誰でも参加できるとのことだったが、果たして中はどうなっているのだろう。

見学を申し出たところで、アシュラムに滞在しているというスペイン人女性のドロシアに出会った。2度目のアシュラム滞在らしい。リシケシュへ来た目的はヨガではなく、市内の貧しい学校でボランティアをするためだそうだ。

「街で食事をするとすぐにお腹を下しちゃうのよ、私。この暑さでしょ? バクテリアがいっぱいなのよ。街で食事をするときには気をつけて！　信頼のおける店でしか食べちゃ駄目よ。その点ここでは、毎日同じで飽きちゃうけど、食事のたびに作ってくれて新鮮だし、完全なベジタリアンだからヘルシーなの。タマネギやニンニクは恋しいけどね」

3食安全でヘルシーな食事つきの簡易宿泊施設といった気分で、アシュラムに滞在しているのだという。

「部屋を見せてくれませんか？」というお願いを快く引き受けてくれて、修行の施設にしてはずいぶんとしっかりした部屋に案内してくれた。

部屋は個室で、シャワーこそついていないものの、お湯をバケツにもらってきて、トイレ兼洗面所で浴びるのだという。日本人の感覚からすると、かなり汚れていた洗面所に比べると、居室は広くて清潔だった。外へ通じる戸を開けると、籐《とう》の椅子が並んだテラスに出る。洗濯物はここで干し、天井についたファンを回して夕涼みをするのだという。

敷地内で虫のように背中を丸めて草むしりをしている女性は不可触民なのだろう。こうした修行の施設でも掃除や庭仕事を彼らにやらせているのは理解に苦しんだ。日本人的な観点では、掃除や庭仕事も修行のうちなのではないかしら？　と思うのだけれど、インドではそうではないらしい。ヨガ道場に案内してもらうと、20名ほどの生徒がヨガクラスを終えようとしていた。後ろ姿を見たところ日本人がかなりいるようだ。

「ヨガは退屈よ。もちろん一応参加はするけど、先生の質がバラバラで、最悪の日もあるのよ！　私にはスイミングやテニスのほうが向いているみたい。だから、日中はほとんど学校のボランティアに行ってるわ」

アシュラムに滞在しようという人が全て本気でヨガに取り組んでいるわけではないというのは、少々がっかりもしたけれど、安心もした。ヨガを行う者がみんな本気でヒンドゥー教徒にならなければいけないのだとしたら本意ではないから。

「ボランティアではね、貧しい彼らのためにフルーツを買ったり、テーブルを買ったり、水道を作る手はずを整えたりするの。この間は友人がビタミン剤を買って渡したりしたわ」

私も行ってみたくなった。

「初めはなにもしなくていいの。ただ学校に行ってみて、彼らを気に入ったら、それから何をできるか考えてみたら？」

明日のアクティビティーは学校訪問に決まった！

「ヨガは適当で、今日もサボったんだけど、瞑想のクラスには参加しているの」

とドロシアは言うけれど、どんな瞑想をしているのだろうか？

「最初におじいさんの話を聞くの。何を言ってるか全然わからないんだけど、一応聞いてるフリをして、それから目を閉じて鼻先だけに意識を集中させて、じっとするの。難しいわ。いろんなこと考えてしまうから。ほんの数秒かな？　何も考えずに身が軽くなるのは。よかったら行ってみる？」

19：00からのクラスに連れていってくれることになった。

履物を脱いで赤い絨毯の敷かれたホールに入っていくと、真っ暗な中に、なにやら偶像を祀ってあり、その前の台座に白装束をまとい、白いあごひげを蓄えたグルが座っていた。人々が静かに入ってきては、合掌でグルに敬意を表してから、前方に積み重ねてあった座布団をとり、思い思いの場所に座った。ドロシアの勧めに従って2枚の座布団を取り、1時間の瞑想に耐えられるように、柱を背にして胡坐を組んだ。

一同が着席し、静寂に包まれると、グルの講話が始まった。しかし、天井で回っているファンのお陰でよく聞こえず、先ほどドロシアが言ったとおり、何を言っているのか全然わからない。そのよくわからない話を私も聞いているフリをしつつ、ドクター・タンピに処方された薬を飲む時間だったのを思い出して、失敬ながら、ガサゴソとズダ袋をあさり、薬を取り出して飲んだ。

何語で話していたのかもよくわからないほど聞こえない話が終わり、静かに目を閉じて瞑想に入った。ラムさんのもとで行った瞑想と異なり、何のガイドもない、個人の集中力のみに任された瞑想だった。

ホールに祀られた偶像といい、うるさすぎるファンといい、目的を別に持った滞在者といい、アシュラムのあり方を少々疑いたくなるような思いで瞑想に入った。

世俗の穢《けが》れから離れてこもるという意味では、アシュラムは最高の条件なのかもしれない。実際ちょっとした村のようになったアシュラムの敷地内は、静かで平和な雰囲気に満ちていて心地よい。

しかし、ここに滞在しなくとも、ラムさんのようによき指導者はほかにもいるし、日々の生活そのものが修行で、本当の気づきは、誰の指導のもとでもなく、自分で見つけるものではないかというのが、しびれる足と戦いながら瞑想をしてみた感想であった。

もちろん滞在もしていないのに、偉そうなことは言えないが、アシュラムだけが、そしてリシケシュだけが、その場所ではないことは、グルもわかっているのではないだろうか。

瞑想のクラスが終わると、人々はふたたびグルのもとへ近づき、頭《こうべ》を垂れて祝福をしてもらう。私はその列には加わらず、ドロシアと明日の約束をすると、ガンジス河を見渡せるベンチへ向かった。

「あなたはタイ人？」

オーストリア人の女の子に声をかけられた。メラニーはボーイフレンドとともに5ヶ月間この国を旅しているのだという。ヨガも故郷では時々行うくらいで、15日間もの間集中講座を受けるのは初めてらしい。

彼がリシケシュの街でシタール作りに励んでいる間、このアシュラムで過ごすことにしたのだという彼女もやはり、ここを目指して来たわけではなく、安くて食事つきなので選んだという感じだった。

ここでの生活は静かで穏やかだから好きだという。ヨガ的な意味はさておき、こうした若い旅行者を受け入れる施設としてはやはり最高なのかもしれない。残念ながら、贅沢な暮らしに慣れてしまった私には、お湯を汲《く》んできて、清潔とは言いがたいトイレの傍《かたわ》らで浴びる勇気もなければ、室内に電話もなく、長い石段を下りた通りの向こう側にある公衆電話まで行かなければならないような不便さに自らを投げ入れる勇気はない。

これが友人と一緒だったら？　みんなで、「汚いよね」とか「毎日おんなじものばかり食べて飽きちゃったよね」などと言いながら、なんとか持ちこたえられるかもしれないけれど、ひとりで来た今回は、実際に滞在している彼らには悪いけれど、ノーだった。

食事のベルが鳴り、戻っていったメラニーを見送ると、私もホテルへ戻って食事にした。

相変わらず調子の悪いお腹を気遣って、またしてもスープとキッチディーである。インド人の家族がおいしそうにカレーをほお張るのを横目に見ながらひとりで食べる流動食は、おいしいのかどうかあまりよくわからなかった。

8月12日　完璧を求めてはいけません

午前6時の目覚ましをやり過ごして8時30分にやっと起きると、ドロシアとの約束を守ろうと、慌てて支度をした。レストランで、オートミールを食べ、チャイを流し込むと、ドクター・タンピの薬が効き始めていることに気づいた。少なくとも胃腸の痛みは消えていた。

ヨガニケタンまでの道を急ぎ、石段で息を切らしつつ、ヨーロッパの女性は気まぐれだから今日は行かない可能性もあるという思いが脳裏をよぎったけれど、約束の時間ぴったりに到着した。

果たしてドロシアは来ておらず、代わりに日本人の女性がいた。アシュラムのゲストハウスに滞在している関西の女性だった。

こんなところまでわざわざ来るくらいだから、てっきりプロの方だと思い、「ヨガを教えていらっしゃるんですか？」と尋ねると、ヨガを始めたくてもいい先生が見つからず、ここで初めて本格的に習い始めたのだという。

なんと勇気のある行動だろう！　いきなり本場で始めるというのもいいかもしれな

い。それではやはりお湯を汲んで浴びているのだろうか？

「ゲストハウスのシャワーは水しか出ないので、お湯が欲しいときは、アシュラムの中にもらいに行きます」

とのこと。清潔感の漂う素敵な女性だったので、こんな不便な暮らしに耐えられることが不思議でならない。

ひょっとして贅沢なのは私だけなのだろうか？　こんなところに思いっきり飛び込んでいける身軽さが羨《うらや》ましかった。

約束の時間を20分ほど過ぎてからドロシアが現れた。今日は会えないのだと思って帰ろうとしていたところだったので、ホッと胸をなでおろすのもつかの間、やはり、

「今日は風邪をひいて具合が悪いから行けないの。ごめんなさい。もし明日元気になったら行きましょう」と言う。

ヨーロッパ女性の気まぐれはこれが初めてではないし、わたしも気分の悪いときは部屋でじっとしていたいものだから、わざわざ出てきてくれたことにお礼を言ってひとりで街へ出てみることにした。

街までは5ルピーで行くことができるというので、乗り合いタクシーのように数人乗っているオートリキシャを捕まえて乗り込んだ。ヴァラナスィやアグラーで乗るの

は怖くて控えていたけれど、この街の人々は、他の土地に比べると穏やかで、身を縮めて恐れる必要もなさそうだ。

次から次へと人が乗り込んできて、ぎゅうぎゅう詰めな上、天井が低くて首も縮めていたから、乱暴な運転でガタガタと揺れるたびに上半身が外に飛び出して、対向車にぶつかりそうだった。

マーケットで降ろしてもらい、当てもなくブラブラしてみたけれど、特別に欲しいものはなかったので、店に立ち寄ることもあまりなかったけれど、それでも数軒の店に入ってみると、狭い空間にたくさんの品々が置いてあり、自由に見せてもらった挙句に何も買わずに出ても、無理に引き止められることはなかった。

この街は女ひとりでも歩きやすい。ヴァラナスィやアグラーのようにひっきりなしに勧誘や物乞いに会うとくたびれてしまうけれど、ここでは大抵の場合そっとしておいてくれるからありがたい。

奥へ奥へと進んでいくと、水色の制服らしきものを着た少女たちがキャッキャと騒いでいたので近寄ってみると、どうやら近くに学校があるようだった。

少女たちの進むほうへついていくと、細い道の向こうに同じ制服を着た子供たちがたくさんいた。カメラを向けると、

「私も撮って！」「ああ、ずるい、私も！」「僕が先だよ！」「ねえ、この子も撮ってあげて！」

という具合に、押し合いへし合いの大騒ぎになった。

歩みを進めると、映画「友だちのうちはどこ？」のような小さな庭のついた平屋の校舎があった。同じ庭を2つの学校が共有しているらしく、水色の制服のほうへ導かれていくと、3人の女教師たちが教室の外で談笑していた。「入ってもいいですか？」と尋ねると、なんのためらいもなく入れてくれた。

教室は全部で3つ。黒板と教卓があるだけで、子供たちには机も椅子もない。地べたに敷いた細長いラグマットに座って、学年も入り混じったまま、クラス編成？　がなされ、授業といっても各々が自分のレベルに合った自習をしているという感じだった。突然の訪問者に沸き立った子供たちは全部で40人くらいだろうか？

校長先生なのかどうか定かではないが、唯一男性の教師が座っている教室へ連れていかれ、名前とどこから来たのかを聞かれた。子供たちが自習をする間も、先生が勉強を見て回るわけでもなく、私との会話にならない会話を続けていた。ドロシアとの約束こそ反故《ほご》になってしまったものの、期せずして環境の整っていない学校に導かれることになった。

この先なんらかの形で彼らを助けることはできないものかと住所を書きとめた。しかし、当然のように「電話は？」と聞いてしまったのは野暮だった。そんなものは、ない、のである。それでも、一生懸命勉強し、年齢も様々ながら皆で助け合っている姿は微笑《ほほえ》ましく、幸せの意味を問わずにはいられなかった。

授業中だというのに、どこからか子供がラッシーを買ってきてくれた。先生の計らいなのだろう、パック売りの冷えたラッシーを遠慮なくいただいた。リシケシュの地元ブランドらしく、ナッツのはいったそれはとてもおいしかった。

しばらくして、生徒の一人が終業の鐘を鳴らし、子供たちが一斉に外へ出ていった。軒下に並んで座ると、地べたにお皿が用意され、先ほどの女教師たちが各お皿にご飯とダールを配り始めた。少々早めだったが、お昼ご飯の時間だった。

食事の邪魔をしてはいけないと、別れを告げて立ち去り際に、「また来てください」と先生が言ってくれた。「また来ます」そう言って、もう一方の学校も覗いてみると、そこには椅子と机が備わっていた。

ほぼ同じ敷地内にあるというのに、勉強机と椅子があるのとないのとでは雲泥の差である。子供たちはこちらでも人懐っこく、キラキラと目を輝かせていた。「1ルピーちょうだい！」とお金をせがんだのは、2つの学校を合わせてもひとりだけだった。

しかし、よく考えてみると、なんのために行ったのかもよくわからない。偶然に導かれてたどり着いてしまったけれど、彼らにとって本当は何が必要で、何が必要でないのかもわからない。

ドロシアのボランティア精神に惹かれて、真似をしてみただけかもしれないし、都会での豊かな暮らしに対する後ろめたさから、ほんのつかの間いいひとのフリをしてみたかっただけなのかもしれない。子供たちにも先生たちにも歓迎されたことは嬉しかったけれど、何をすべきなのかはまだわからない。

なんとも煮えきらない気持ちでオートリキシャを捕まえ、帰りの料金を尋ねると、20ルピーだという。どうしたら同じ道の料金が4倍になるのだろう。インチキ運転手め！「さっきは5ルピーでここまで来たの。あなたも5ルピーでいいでしょう？」と言っても「駄目だ、20ルピーだ！」と言い張るので、「だったら結構です」と言って飛び降りた。

新たに若いリキシャワーラーを捕まえると、正規料金でOKだったので安心して乗り込んだ。

昼食には久しぶりに流動食を卒業し、晴れてスタッフドパランタ（ピタパンにジャガイモのペーストが挟んである）と、ほうれん草のカレーを食べることができた。

夕方には、ヨガマットを抱えて再びヨガニケタンの石段を上っていた。1回のみのドロップインは可能とのことで、ヨガクラスへの参加を許され、滞在者に混じって、ハタヨガのアサナを学んだ。先生の声は、広いホールに響き渡るようにと一生懸命張り上げているわりに聞こえづらかった。恐らく喉《のど》を絞めて発声しているのだろう。ラムさんの声のような心地よさとは少々異なる。

太陽礼拝はなしで、座位のポーズから始まり、ハムストリングスを伸ばすための動作をいくつか行った。それぞれのホールド時間はかなり短い。しかし後屈のポーズになると非常に入念な指導が始まり、ホールド時間も長くなってきた。少々きついながら、日頃のクラスに比べると、ここもまた楽なほうだった。

フォーヘッドスタンディングは初めて行うポーズで難しかったけれど、壁を補助に使うとポーズを取りやすかった。先生がこのポーズについての説明を始めた。「このポーズは頭を地面につけません。まあ、君たちも練習を重ねるうちに、いずれは壁なしでもできるようになりますよ。ほら、このように」と言いながら、ズデン！と転んだ。「あれ？　おかしいな」と言ってもう一度やってみせると、ズデン！　また転がってしまった。なんだこの滑るマットは？　という風情で、パーン！　とマットを敷き直し、「ほら、このように」と言ってまたズデン！　と転んだ。

どうやら先生にも練習が必要なようだ。だんだん不機嫌になり、意地でもやってやる！　といった感じである。何度目かのチャレンジで、なんとか立てたものの、両足のバランスは今にも崩れそうで軸が曲がっていた。先生のそんな姿を見てしまって、少々気の毒ではあったけれど、人間らしくて好感が持てた。

続いて、壁を使ったツイストを行い、同じく壁を使ったポーズから肩立ちのポーズでは、ずいぶん長い間ホールドした。最後に壁を使ったブリッジで終わり、壁に足をのせたままのシャバアサナという珍しいことも体験した。

外に出ると土砂降りの雨だった。しばらくしても雨がやまずに困っていると、ありがたいことに、クラスに参加していた日本人の女性が部屋から傘を持ってきてくれた。彼女の部屋で雨宿りをさせてもらうことになり、アシュラムが運営する有料のゲストハウスに滞在しているほかの日本人女性たちと一緒になった。

みんなそれぞれに、自由旅行を続けている人々で、ヨガの経験もほとんどなくアシュラムに飛び込んだという。1ヶ月や2ヶ月は平気で旅をして、帰ってまたすぐに旅立つという暮らしをしているひともいた。規則正しい静かな生活は彼女たちもお気に入りのようで、どの顔を見ても、「またここに来る」と書いてあるかのようだった。

「毎日カレーばっかりだけど、一応かぼちゃだったり、オクラだったり、豆だったり、材料は変わるから飽きないよ」とは、京都出身の女の子だった。

「規則も、書いてあるよりゆるくてビックリした。医薬品は駄目って書いてあるのに、風邪ひいたって言ったら、先生が薬くれたり、音楽も迷惑をかけない程度に聴いてる人もいるし」

「ゲストハウスはシャワーがついてるのに水しか出ないけどね」とひとりが言えば、「ええ？　私の部屋も水しか出なかったけど、元のスイッチを入れてもらったらお湯も出たよ！」と続く。

こうして若いうちに不便ながらシンプルで穏やかな生活を楽しんでいる彼女たちが、とてもとても羨ましかった！　私はといえば、ホテルに泊まって、胃腸を壊したぐらいでスタッフを巻き込んで大騒ぎをする始末で、なんとも情けない。

雨が上がったところでお礼を述べ、ホテルへ向かう途中、ゲストハウスの部屋も覗いてみたくなって、彼女たちのひとりにお願いをしてみた。1泊400ルピーで食事は別だというその部屋は、アシュラムの部屋より遥かに広くて綺麗だった。窓を開けるとガンジス河がすぐ目の前にあり、眺望は最高。バスタブこそないものの、とても清潔なシャワールームがついて、ベジタリアンメニューのルームサービスを頼むことも可能だとか。

彼女たちの水シャワー話や、桶に汲んだお湯話のあとで、少々後ろめたい気持ちでホテルのシャワーを浴びると、なんと、私の部屋も水しか出ないではないか！　しばらくすればお湯が出てくることを期待しながら、冷たい水を浴び続けていると、一向に熱くなる気配がない。

しかし、ここはインドだ。完璧を求めてはいけないのよね。

8月13日　警察署長殿

朝から土砂降りの雨。

お腹の調子も全快なので、プーリ・バジー（油で揚げた薄いパンとジャガイモのスープカレー）を朝食に。プーリは悪い油にあたるのを避けていたため、インドへ来てから一度も食べたことがなかったのだけれど、揚げたての膨らんだものが並んでいるのを見て、つい食べたくなってしまった。朝食時にお決まりのバジーはどこで食べてもはずれがない。ここでもバジーはとてもおいしかった。

大勢で和気あいあいとやっていたのは、スィーク教徒のグループらしく、男性陣は生まれてから一度も切ったことのない髪の毛を額の上で一角獣の角のように纏め上げ、ターバンを巻いていた。8歳くらいのガウハートくんもその習慣に倣って、ターバンを巻いている。小さな子供でも結構な大きさのコブができていてかわいらしい。

「何で食べ物の写真を撮ってるの？」

「日記を書くのに記録してるのよ」

「へえ、じゃあ、インド料理が好きなんだ」

「そうよ、おいしいもの。どこから来たの？」

「デリー」

「今日は何をするの？」

「あそこに河が見えるでしょ？」

「ああ、ガンジス河ね？」

「そう、ガンジス河で沐浴するんだ。冷たいんだよ！」

「大丈夫。こんなに暑いんだから」

「外は暑くても、水の中はすごく冷たいんだよ！　前にも来たけど本当に寒かった」

「ねえ、あなた英語が上手ね。ヒンディー語ではお話しないの？」

「僕はイギリス系の学校に行っているから、ヒンディー語は全然しゃべれないんだ」

デリーに住んでいるインド人の家庭では英語のみで会話をする例もあることを初めて知った。彼の置かれた環境は、昨日私が出会った子供たちとは正反対で、この国の貧富の差を如実に表していた。

降りやまぬ雨を憂えても仕方がないので、ホテルの会議室で開催されるヨガクラスに参加することにした。ピカピカに磨かれた床に持参したヨガマットを敷いて待っていると、結局集まったのは、アメリカから来た女性と私だけだった。半ばプライベートレッスン状態で、シヴァナンダアシュラムをはじめとする数々のヨガ団体で学んできたという先生に指導をしてもらう。

「私は、皆さんに自分の知っていることを全て教えるのではなく、皆さんが必要としていることを教えたいと思います。いいですか？　ヨガは、肉体的な健康を保つことで、精神面の健康をも保つ方法です。まず、肉体は呼吸と繋がっており、呼吸は感覚に繋がっています。感覚は精神に繋がり、精神は魂と繋がっているのです。この連鎖をスムーズにすることがヨガの目的です」

まずは目を閉じてオームを3回唱えるところから始まり、短い瞑想、呼吸法、首のストレッチ、全身のストレッチ、スリヤナマスカラ、後屈のポーズ、ねじりのポーズ、ねじりの入った三角のポーズの後、シャバアサナをして終わりだった。

ポーズの合間には子供のポーズやシャバアサナで休むのだけれど、「リラックス！　リラックス！　リラックス！」と大きな声で急《せ》かされるとむしろ身体が緊張して休めなかったのは私だけだろうか？　多くのトレーニングを積んだはずのこの先生自身が何かに急かされるかのように早口で話し、呼吸のタイミングが早いので、こちらも落ち着かない。やはりこの街ではラムさんの教授法が、そして東京ではいつも通っているクラスの先生が私には一番合っているのだと感じた。

昼食時に初めてこの街のカフェに入ってみた。

マドラスカフェは、シヴァナンダゲートから、マーケットに入ってすぐの左側にある。南北インド料理を扱っていて、青汁のように真っ青なほうれん草のスープとマサラドーサがおいしかった。

店主と客のひとりが言い争っているので何かと思いきや、この街の人々がいかにピュアでイノセントかという話が白熱しただけのことだった。たしかにここの人々は他の観光地に比べてのんびりとしているような気がする。

「僕はデリーから来たんだけど、この街の人々を見ていると、後ろめたい気持ちになることがあるよ。だって彼らにはテレビもなければ新聞も読まないんだから、誰が大統領だろうが首相だろうが関係ないんだもん。それでも幸せなんだから」

と言う店主につられて昨日の子供たちを思い出した。

マーケットをぶらぶら歩いていると、「5ルピー」と私の袖をやさしく引っ張る男の子がいた。名をグルと言ってまだ5歳だという。あまりにかわいかったので、

「あげません。お金をくれって言われてもただではあげません。仕事をしないと人間はお金をもらえないのよ」

と言って、興味のあったシヴァナンダアシュラムへ案内するように頼んだ。いつの

間にかピンキーという女の子も伴って、シヴァナンダアシュラムへの道をゆっくりと歩いた。

シヴァナンダアシュラムには病院が併設されており、どこが入り口なのかわかりづらい。「こっちだよ」と言って道を挟んで反対側の宿泊施設に連れていかれ、滞在者に尋ねてみると、病院があった建物にレセプションがあるから聞いてみろという。

子供たちも一緒にレセプションへ行くと、初老の男性がオレンジ色の装束を纏って座っていた。

「アシュラム滞在者ではないんですが、ヨガクラスへのドロップインは可能ですか？」

「Why not?」

ガイドブックで読んだ、2週間前に文書にて参加希望を申請しなければならないという規定とは異なり、ずいぶんすんなりとOKが出た。

「女性のクラスは16時30分からだからもう一度来なさい。ヨガホールは、ここを出てすぐ右に曲がった突き当たりにあるから」

ひとまずホールだけ覗かせてもらい、子供たちと一緒にヨガの真似事をして遊んだ。案内をしてくれたお礼に5ルピーを渡し、別れようとすると、「ガンガーのワニに餌をあげたくない?」と言う。ワニなんかいないだろうなぁ……。

しかし、一緒に遊びたいのかと思って、彼らが出した餌を受け取ろうとすると、「2ルピー」と始まった。てっきり仲良しになったと思ったのは大きな勘違いで、ピュアでイノセントなはずのリシケシュの子供にとって、私はネギを背負った間抜けな鴨だったのだ!

「もうお金はわたしません」と言うと、嘘泣きをしながら「チャッパル! チャッパル!」と裸足の足の裏を見せ、サンダルをねだる。触ってみるとさほど硬くはないので、本当はサンダルを持っているのだろう。嘘泣きには応じず、オートリキシャに乗り込むと、二人ともプイと踵《きびす》を返して瞬《また》く間にどこかへ消えてしまった。5歳にしてあんなふうに人を騙しながら生きていけることを教えてしまったようで、少々後悔が残る。

シヴァナンダアシュラムのヨガクラスまでの時間を他のヨガクラス見学にあてようと、街のはずれにあるヨガスタディーセンターへ向かった。「80ルピー」という法外な値段に、「高すぎる! いつもは5ルピーで行けるのに」というのを言い間違えて、「いつもは50ルピーで行けるのに!」と言ってしまった。「OK、50ルピー」運転手がニヤリと笑ったためようやく間違いに気づいたけれど、後の祭りだった。

「50ってあんたが言ったんじゃないか、約束どおり払え」と恫喝《どうかつ》されて、面倒になり渋々50ルピー払った。円に換算したら、150円ほど。日本のタクシー代と比較すれば安いものだけれど、騙されるのはどうも気分が悪い。

アイアンガーヨガを教えるスタジオを覗いてみると、壁から補助用のロープがぶら下がっており、ポーズの正確さを求めて厳密にアジャストしている様子が目に浮かぶ。ちょうど休憩時間だったらしく、スタッフが出払っていたので、明日の朝6時30分のクラスに来ればいいと生徒らしき男性に言われた。

「ヨガニケタンでは楽なポーズが多かったんですが、こちらはどうですか?」と尋ねると、「ヨガニケタンの先生たちもこっちに練習しに来るよ」というくらい難易度の高いクラスのようだった。

パルマトニケタンも覗いてみようと思い、再び乗り合いのオートリキシャに乗り、隣に乗り合わせた若い女性に平均的な値段を尋ねた。「パルマトニケタンまでなら、8ルピーくらいじゃない?」と言われたので、肩にかけた布バッグの中からお財布代わりのナイロンポーチを取り出し、10ルピーを握り締めた。

乱暴な運転に身体を揺られながら雑多な街を眺めていると、「パルマトニケタンに行くなら方向が違うから乗り換えろ」と言って、ひとつ手前のオートリキシャを指差された。そちらには誰も乗っておらず、貸切状態で目的地まで連れていってくれるのかと思いきや、シヴァナンダゲートに着くと、「ここからは、橋を渡って自分で行け」という。

手元にあった10ルピーを渡し、お釣りを受け取るのも忘れて歩き始めると、メモを書き込んでいた用紙がパラパラと落ちてしまった。支払いは手に握り締めたお金を使ったので、布バッグの中身が今落ちるはずがないのだけれど……。慌てて他のものを確認すると、あれ？　おかしいな。黒いナイロンポーチが見当たらない。先ほど10ルピーを取り出した時に、布バッグに戻したはずなのに、やはり、なかった。

持ち物をひとつひとつ確認すると、なくなったのはポーチに入っていた現金３０００ルピーほどと、ＵＳドルが50ドルほど。幸いなことにカード類と日本円だけは別の財布に分けてホテルに置いてあった。デジタルカメラに記録した写真は惜しいが、仕方がない、心に刻んでおこう。しかし、なによりも困るのはパスポートを失ったことである。

いつの間になくなったのだろう？　思い返すと、ヨガスタディーセンターを出て初めて乗ったオートリキシャが怪しい。隣の女性に運賃を聞いてポーチからお金を取り出したときに、まだ多少入っていた現金が彼女の目に触れた可能性がある。女性だと思って安心していたので、袋を抱きかかえて警戒するのを怠ったのが悪かった。あるいは、彼女でなくとも、初めに乗ったオートリキシャの助手席にもうひとり男性が乗っていた。乗り換えを勧めたのも実際は助手席の男性だった気がする。乗り換え時に、手際よく盗《と》られたか？　2台目のオートリキシャでは運転手と私だけだったので、盗られようがない。ひょっとしてどこかに子供が潜んでいたとか？

慌てても、失ったものが返ってくるわけではなく、パスポートだけは再発行してもらわなくては身分を証明するものが何もないので、その手はずを整えるために一旦ホテルへ戻った。

こうした場合は、警察へ行って被害届を提出し、再発行に必要な書類を手に入れるようにとのこと。ホテルのスタッフに持ち合わせのルピーを全てなくしたことを伝えると、本来は取り扱わない日本円をその場で両替してくれることになり、インドステイト銀行に確認をして正規のレートで取引をしてくれた。それだけではない。近くの警察へ行くのに、スタッフがわざわざ案内してくれることになった。

紛失に気がついた場所からほんの数十メートルのところに警察署はあった。数人の警官が暇を持て余して立ち話をしているところに、パスポートを無くした旨を伝えると、「リシケシュで盗られたんなら向こうの警察へ行ってくれ」と、ほんの目と鼻の先で起こったことなのに、管轄外だと言い張る。

どうやら、この程度のことに関わるのが面倒だといった風情で、しばらくは、「すぐそこでなくなったんです」「君がなくした正確な地名はどこだ?」「わかりません」「盗られたってどうやって証明できる?」という問答が続いた。

粘った挙句、中に入れてもらえることになったものの、被害届を自分で書けという。そんなことを言われても、フォーマットもなければ、ヒンディー語もわからないのにどうしろっていうのだろう? 警察官には英語があまり通じないし、一緒に来たホテルのスタッフも同じだった。

「ホテルのジェネラルマネージャーなら英語ができるだろう? ここに呼んで来い」と言ったかと思えば、「やっぱりこの紙を持ってホテルに帰って、書いたらまた戻って来い」と、言うことがコロコロ変わる。仕方なく警察署を出て歩きだすと、背後から声がかかり、「やっぱり戻って来い」と言う。

次に通されたのは、署長室(といってもわずか3つほどある部屋のうちのひとつ)で、口ひげを蓄え、偉そうにふんぞり返った男性が椅子を左右に回転させせながら座っていた。

「どこで何をなくしたか正確に言いなさい」

オートリキシャに乗ってからの全ての行動を話した。

「君がカメラを持っていたってどうやって証明できるんだ?」

デリーのグプタさんは私がデジタルカメラを持っていたことを知っているはず。コンピューターの中にはタージマハルの写真も入れてある。

「何時に、なんていう場所で起こったんだ?」

盗られた瞬間はわからないし、その場所も同様だ。

「オートリキシャのナンバーは?」

そんなものがあったとは知らなかった。だから、覚えているはずがない。

「パスポートのコピーはどこにある?」

しまった。ナンバーと取得日、失効期限を記憶していたので、コピーは取っていなかった。

マドラスカフェの店主曰く、「ピュアでイノセント」なはずのリシケシュで、スリの被害に遭《あ》い、警察では面倒臭そうに扱われている。

「今から、なくなったと気づいた正確な場所に行って、この警察官に見せなさい」

わざわざ実況見分までしようということだった。徒歩でもすぐの場所を見せるために警察のジープに乗り込み、2分ほど走って「ここです」と指をさすと、あまりの近さに呆《あき》れ顔の警察官が、すぐにUターンをさせて警察署への道を戻った。確かにあの場所では管轄内になるらしく、被害届を自分で書いて提出するようにと、カーボン紙をあてがった2枚の紙を渡された。

インドに入ってから、フリーのライターだと言い続けていたのだけれど、「職業は？」という警察署長の問いには初めて正直に答えた。

言葉には出さなかったけれど、「もし公正に処理をしてもらえなかったら、日本に帰ってから公にするぞ！」というプレッシャーも含めた。実際、私が何かを言ったところで、彼にはなんの影響も及ぼさないのだけれど、警察のあまりに怠慢な姿に不安になって、まるで一国を動かすことのできる大女優であるがごとき威厳をほんのちょっとだけちらつかせてみた。

穏やかな街だと思って油断したのは私だし、10年以上着古したTシャツにヨガマットを持ってズダ袋を下げた私が果たして大女優に見えたかどうかは定かでないが、急に態度が豹変した。冷たい水が出てきたかと思えば、口にしないのを気にして「浄化した水だから大丈夫だよ。君は何が好きなの？　コーヒー？　紅茶？」と言って、チャイを出してくれた。

そのあからさまな態度に、笑いそうになってしまったけれど、時計を見るとシヴァナンダのヨガクラスが40分後に迫っていた。

「そこのシヴァナンダでヨガクラスが40分後にあるんですけど、間に合いますか？」

「君が被害届を書き終えたら、スタンプを押してあげるから大丈夫。僕が君を助けましょう」

どこで、誰に何を盗まれたのか、パスポートの詳しい情報などを細かく書くようにとのことだった。しかし、書いている途中でチェックされ、どこからどこまで行く過程で起こったのか、地名も正確に書けということだったので、初めから書き直しになってしまった。地名のスペルがわからず、尋ねようにも電話中だったり、来客があったりでなかなか進まない。オートリキシャの正しい名前もわからない。ヨガクラスがあと20分に迫っている。ちらちらと時計を見ていると、見かねた署長が「いいよ、もうヨガクラスに行きなさい。ホテルで書いて明日持ってくればいいから。10時30分からここにいるので、ちゃんと来なさい。いいね？」と言って解放してくれた。

いずれにしてもパスポート再発行の申請はデリーに行ってからでないとできないのだし、リシケシュを後にするまであと1週間はあるのだ。その間、万が一事故や事件に巻き込まれたら大変なので、いよいよ慎重に行動しなくてはと、気を引き締めた。

シヴァナンダアシュラムには、予定より早く着いた。ホールは改装したばかりらしく、他のヨガ施設と比べ物にならないほどきれいだ。

外国人を受け入れないというわりに、クラスを見渡してみるとほとんどが外国人で、授業も英語で行われる。大地のように母性的なやわらかさを持った女性が、静かな声で、クラスの気を整える。

「初めての方々、ようこそ。さあ、心を静めて、愛と哀れみで満たしてください。ヨガは愛と哀れみです。全ての人が穏やかでいられますように。お気づきかもしれませんが、今日は制服を着た婦人警官が二人来ています。皆さん驚かれるでしょう。実は、先日イギリス人の女性が記憶をなくして、何も持たずに発見されました。彼女はなぜインドにいるのか、自分が誰なのかも思い出せません。今は警察の保護下にいますが、ここでクラスを受けたことがあるということだけを覚えているそうです。今日は、皆さんと一緒に参加してみたいというので、私たちは快く受け入れたいと思います。彼女のように、問題を抱えた人にもヨガの扉は開かれています。一番後ろで、決して邪魔をしませんので、彼女がシャワーを浴びてこちらに来たら、愛をもって迎えてあげてください」

彼女に何が起こったのかを思うと、多くの旅行者は不安になったことだろう。私もそのひとりだった。

「それでは、目を閉じて、深い呼吸を続けてください。呼吸とともに、心の中でささやいてください。私は、恐れから自由になれますね？　私は幸せに満ちていますね？　そして私たちは恐れから自由になれますね？　私たちは幸せに満ちていますね？　深く吸って……吐いて……。最後に彼女のためにも思ってください。彼女は幸せになれますね？　それでは、ゆっくり目を開けましょう」

2周目のスリヤナマスカラの途中でシャワールームの扉が開き、スキンヘッドの綺麗な女の子が白いジャージを着て出てきた。警察官に促されて水周りの掃除をする姿は、まるで囚人のようだった。造作はとても美しいのに、目には不安と困惑をたたえてホールに入ってきた。

先生が優しく後ろへ促し、随行しようとする警察官を制止した。この特異な状況をできるかぎりいつもの雰囲気に近づけ、彼女を刺激しないように気遣いながら全ての生徒に配慮している姿が見て取れる。

彼女がどのような状態で発見されたのか知る由もないけれど、なんらかの犯罪に巻き込まれたか自ら関わったのだろう。麻薬？　だろうか？　手厚く保護されていると いうより、犯罪者と同じように拘留されているという印象を受けた。

それでも、笑みを絶やさず、優しく愛に満ちたクラスを続ける先生がとても美しく見えた。その声によって心が開くと、後ろにいる彼女の不安に必然的にシンクロして、さらに、その不安な心に先生の優しい心が染み渡るという不思議な連鎖が起こった。

クラスは次第に通常の空気に戻り、それぞれがポーズに集中していた。しかし、10分くらい経った頃だろうか？「物凄く疲れたから……」と言って、彼女がホールを出てしまった。私の横を通り過ぎた時、ちらりと見えた足は、傷だらけで痛々しかった。

「ねえ、ちょっと待って、よかったら座らない？」

あくまでも穏やかな声でホールの外に椅子を出す先生と、どうにもならない気持ちを整理できずにイラつく彼女のやり取りが、とても危うく、クラスは一瞬騒然となった。警察官には遠くで控えているように言ってしまったため、誰も彼女を見張ることができない。

しかし、他の生徒を不安に陥れることだけは避けたい先生が、「ごめんなさい、誰かレセプションに行って彼女が外で座っていることだけ伝えてくれる？」と言って、再びクラスを続ける。しばらくして警察官が戻り、彼女は「ごめんなさい、なんか調子が悪くて」と言うと帰っていった。「こちらこそ、ごめんなさい。あなたを疲れさせてしまったわね」と笑顔で返すと、クラスに向き直った先生が「皆さん、ありがとう。皆さんの温かい心に感謝します。今日は大きな試練だったわ」と静かに言った。

クラスの最後までその穏やかな声は変わることがなかった。ポーズの解釈を間違え、身体を痛めかねない生徒には、「その方法ではいずれあなたは腰を痛めてしまうから、私が言うように、やってみて。できるはずよ」と優しく促すのであった。

最後のシャバアサナでは、記憶をなくしてしまった彼女の苦悩を思い、悲しくなった。そして、それを優しく包もうとした先生の心にも感動した。リシケシュの街だけにヨガの真髄があるとは言い難いし、ヨガだけが全てではないけれど、少なくともこの先生に出会えたことは感謝したい。

ホテルへ帰ると、ジェネラルマネージャーが心配して待っていた。警察へ被害届を書かねばならない旨を伝えると、それならばといって、レセプションの女性に代筆を頼んでくれた。書式は以下のとおりである。

ムニキレティ警察署長殿
この手紙は日本から参りました旅行者である私が本日2005年8月13日に遭遇した盗難事件についてご報告するものであり、署長殿の寛大なる助けを仰ぎたいと存じます。

本日ハリドワールロードにございます、ヨガスタディーセンターより、オートリキシャに乗り、パルマトニケタンへ向かっておりましたところ、道程の半ばほどでドライバーより、オートリキシャを乗り換えるようにと促されました。ドライバーに従って、すぐ前のオートリキシャに乗り換え、シヴァナンダゲートまで行きました。シヴァナンダゲートに到着してすぐに、文末に記載いたします携行品を紛失していることに気がつきました。記憶をたどると、初めに乗ったオートリキシャで隣に女性が乗っており、私の不注意から彼女か、もしくは助手席に乗っていた男性に盗まれた可能性があります。

大変恐縮ですが、盗難品の捜査と、情報の提供をお願いしたい次第でございます。お目通しいただきましたことに深くお礼申し上げます。

盗難品1．パスポート
　　　2．3000ルピー入りの財布
　　　3．ソニーのデジタルカメラ

中谷美紀

2005年8月13日

面倒な作業を快く引き受けてくれたので、心づけを渡そうとすると、「そんなのいいのよ」と言って受け取らない。「リシケシュに来て荷物を盗られたなんて気の毒だわ」と言うのは決して嘘ではなかった。レセプションの皆が集まって、ああでもない、こうでもないと事件を嘆くのを見ると、ここにはまだピュアでイノセントな人々がいるのだと、少し安心した。

部屋に戻り、お決まりの冷水シャワーを浴び、サンダルを洗い終えると、レストランへ続く階段を下りた。ダムアルーというジャガイモの入ったトマトカレーにチャパティー2枚をおいしくいただいた。

食後部屋に戻っても、なかなか寝つけない。あまりにも多くのことがありすぎた一日を振り返ると、結局街全体が起き出す4時30分になってしまった。

8月14日　あわやインドで裁判に

11時に警察へ行く約束をしていたので、10時30分に慌てて飛び起きた。白い麻のパンツに白いTシャツを着て、ヴァラナスィで買ったターコイズブルーのストールを巻き、布バッグの荷物をデイパックに移し替えて背負った。

日差しはすでに強く、10メートル歩いただけで汗が滲《にじ》む。インドの人々と同じように、ストールで汗を拭い、直射日光を避けるために頭から被ったり、労働者のように頭に巻きつけたりしながら歩いた。

警察署には、約束の時間ぴったりに到着し、昨日レセプションで書いてもらった手紙を提出した。

「誰が書いたんだ？」

私が書いたと言ってもよかったのだが、面倒を避けるために、

「ホテルの方と一緒に文面を考えて、代筆していただきました。サインは私のものです」

と言うと、しかめっ面をする。「これをファイルしてもいいけれど、これでは盗難

の被害届じゃないか。盗難にあったとどうやって証明する？　これでは裁判所へ行かなければならなくなるが、それでもいいのか？」

裁判所の証言台で、法服を着て仏頂面の裁判官に向かって、カメラや、パスポートを返してくれと、哀れなフリをしながら陳情を述べる己の姿が浮かんだ。

「いや、なくなったものはもう結構ですので、裁判所までは行きたくないです。今必要なのは、パスポートだけです」

「それなら、この盗まれたという部分を、紛失したに書き直しなさい。あなたの不注意が悪いんだから。それから、君が紛失したのは昨日だから、文中の日付は昨日で構わないけれど、ドキュメントの日付は今日に書き換えなさい」

と言って、背後の呼び出しボタンを押すと、部下に紙とカーボン紙を持ってくるように言いつけた。

せっかく書いてもらった手紙はボツにされ、初めからもう一度書かされることになった。

書いている間もチャイを振る舞われ、結婚しているのか？　から始まって、これからどこに行くのかとか、どこのホテルに泊まるんだとか、更にはいくらの部屋に泊まるんだとか携帯電話の番号を教えろとか、この一件には全く関係のないことを聞かれて、全部デタラメを答えてもよかったのだけれど、万が一今日中に書類をもらえなかった場合のことを考えて、宿泊先を正直に答えた。携帯電話は国際電話もかけられるのかとか、電話番号は何番だとしつこく聞かれたので、「着信はできるのですが、発信ができないので、部屋に置いてきました。電話番号も本体がないとわかりません」と言った。

「でも昨日は電話で話していたじゃないか」デリーのグプタさんからの電話について言っているのだろう。

「あれは、着信でしたから。今日は持っていません。なにかあったらホテルにご連絡ください」と言って、携帯電話の番号を渡すことは免れた。

結局署長さんが私にくれた書類は、こちらが提出した紛失届にスタンプを押してサインをしただけの代物《しろもの》だった。これだけで、果たして大使館が認めてくれるのだろうか？　日曜日で確認のしようもなく、お礼を述べて帰ろうとすると、「ここの前を通りかかったら、必ず寄りなさい。捜査状況を教えてあげるから」捜査なんか絶対にしないくせにそう言って、笑っていた。

外に出ると、うだるような暑さだった。

盗まれたカメラの埋め合わせに、安いカメラを購入しようかどうしようかマーケットで悩んでいると、いきなり牛の追突を受けた。ドスン！　ドスン！　とふた突きほど頭突きを食らって、思わず「ギャアー！」と叫び声を上げた。全く予期せぬ方向から不意打ちを食らった恐ろしさといったら……。幸い体軀《たいく》もさほど大きくなく、角の短い牛だったので、白いパンツの膝のあたりが薄汚れたくらいで事なきを得たけれど、あれが勇ましい角をたたえた牛だったらと思うと、ぞっとする。昨日から踏んだり蹴ったりの連続である。

子供にもオートリキシャにもバカにされた挙句、牛にまでひどい仕打ちを受けて恐れおののいている私に、優しく椅子を差し出してくれたのはカメラ屋さんで、笑顔でジーッと見つめられると、何も買わずして帰れない雰囲気になってしまい、一番安い400ルピーの機種で勘弁してもらった。

警察に遅れないようにと急いだため、朝から何も食べておらず、空腹に耐えかねて、シヴァナンダジューラーというつり橋の向こうにある、チョティーワーラーで食事をとることにした。しかし、その道のりは思いのほか長く、ひとでごった返している上に、リヤカーやオートバイまで一緒に渡ろうとひしめく橋を渡るのに、20分ほどを要した。

ガンジス河で沐浴をして帰る巡礼者の中に、インドのニューハーフを発見。サリーを身に着け、白く塗りたくった顔には、女性と同じように化粧を施してあった。立ち姿も通常の女性よりエレガントで美しく、サリーを風になびかせながらシャナリシャナリと歩いていて、思わずカメラを向けると立ち止まってカメラ目線になるのだけれど、「あ〜ら、わたくしを撮るのはタダじゃないのよ！」と言う具合に、しっかりお金を請求された。しかし、押し寄せる人ごみに紛《まぎ》れて、何も支払わずに逃げてしまったけれど、よかったのかしら？

対岸に渡り、牛を避《よ》けながら歩くと、大衆食堂のチョティーワーラーがあった。全身を白塗りにしたおじさんが店の前に座っている。

店内はとても広く込み合っていて、2階に上がると他の人が食べていた40ルピーの定食がおいしそうだったので、同じものを頼んだ。

15分ほど待って出てきたお皿には、冬瓜《とうがん》のカレーに、バジー、ダール、肉もどきの団子が入ったカレー、ダヒーにご飯とギーを塗ったチャパティーがついていた。

「ああ！　ちょっと待って、ギーをかけたチャパティーは好きじゃないの。プレーンチャパティーをお願いします」と言うと、快く交換してくれた。

店内は満席だったらしく、いつの間にか私の向かいの席に男性がついていた。

「君は南インド料理が好きなの？」

どうやら私の定食は南インドのものだったらしい。

「僕はバンガロールの出身なんだけど、北インドではおいしい南インド料理に出会うことが少なくてね。いつまで旅をするの？」

「あと1ヶ月くらいです」

「是非バンガロールにも行ってみてください」

南インドでは魚のカレーがおいしいと、妹尾河童さんが書いていたのを思い出して、尋ねてみる。

「僕はピュアベジタリアンだから、魚は食べない」

「ヒンドゥー教徒ですか？」

「ヒンドゥーブラフマン」

インドでは、カーストの高い人ほど厳格なベジタリアンなのだと言う。「それで、いつバンガロールに行くの？」

ひょっとして、俺の家に泊まれなんていうおせっかいだろうかと警戒する。

「僕は来週から仕事でカトマンドゥーに行くんだ」

カレーは今まで食べた中で一番辛く、口から火を噴きそうだったけれど、素朴な味がよかった。

食後はガンジス東岸一帯のアシュラムエリアをぶらぶらと散策して、パルマトニケタンまで行ってみた。道の両側にはお土産屋さんや、野菜売り（ゴーヤーも売っていてびっくり）、ガンジス河の水を入れる容器などを売る店が連なっていた。

ここでも牛は我が物顔で歩いており、先ほどの衝撃におののきながら歩いていると、青果店で店番をしていた男の子が棍棒で牛の背中を「エイ！　エイ！　エイ！」と3回ほど強打しているのを見かけた。牛って神様の乗り物だから神聖なはずじゃなかったっけ？　住んでいるエリアからしてどうみてもヒンドゥー教徒の彼は、ためらいもなく笑顔で牛を虐待していた。頭突きを食らった私としては、あだ討ちをしてもらったような気にもなったのだけれど、別の牛にあだ討ちをしてもらってもねえ……。

歩く道すがら、数名の旅行者ともすれ違ったのだけれど、皆一様にインドで手に入れたであろうチュニックや、ストール、布のバッグなどを身に着けていた。彼らがインド人に同化することは決してないのだけれど、なかには巡礼者と同じように全身をオレンジ色に包んでいる男性もいて、この国に染まろうとしているのがうかがえる。

私もストールをグルグルと頭に巻いてみたりしているものの、どこからどう見ても、外国から来た旅行者にしか見えないだろう。そもそも、女性は美しく着飾っているので、コットンのストールを頭にグルグル巻いた労働者のような格好はしないのである。

こんなことでインド人に近づいた気になってご機嫌なのは、やはり旅行者以外のなにものでもないのだ。

パルマトニケタンのガートでは、ヴァラナスィほどではないけれど、多くの巡礼者たちが沐浴をしていた。河に近づいてみると、先日スィーク教徒のガウハートくんが言っていたとおり、ひんやりとした空気が流れてきて、水の冷たさを感じる。私も沐浴こそしなかったけれど、サンダルを履いた足先だけ水に浸してみた。やはり、冷たい。気温の暑さとは裏腹に、凍えるような冷たさだった。到底泳げないほどの急流にもかかわらず、流れに乗って泳いでいる人までいて、心配になってしまった。

人ごみにもそろそろ疲れて、来た道を戻ることにした。やはりこの街の勧誘は穏やかで、物乞いにしても、その場に座っているだけで、「チャッパルを買ってくれ」とせがんだのも、全身オレンジ色を着たサドゥーもどきの物乞いひとりだけだった。そのぶん警戒を怠って昨日のようなことにもなったのだが、居心地は他の場所に比べて遥かにいい。

シヴァナンダジューラーをゆっくりと戻り、メインマーケットを通り過ぎる際、巡礼者のためのオレンジやサーモンピンクの腰巻、ドティーが売っていたので試してみたりもした。褐色の肌に、オレンジのグラデーションはとても素敵で、擦り切れてボロボロになり、髪もドレッドのようになったサドゥーたちは、風情があって素敵に見えるのであった。そういえば、バックパッカーでインド漬けの日々を送っていた友人は、好きな色はオレンジと茶色だといって、いつもオレンジ色のTシャツを身に着けていたっけ。この国へ来てようやく彼のオレンジ好きのルーツがわかった。

初めは抵抗があった全身オレンジも、毎日目にするうちにすっかり見慣れて、さらには羨ましくもなってきて、時折見かけたサーモンピンクのシャツならオレンジさんの仲間入りに相応しいと、サイズを探したのだけれど、男性用のLサイズしかないという。もしや作ることは可能かと尋ねると、140ルピーなら明日までに作ってくれるという。日本円にして420円ほどで、オーダーメイドシャツができるなら安いものだ。二つ返事でOKした。

猛暑の中を歩き回ったものだから、いい加減疲れてしまい、ホテルへ戻って休むことにした。こんな日は冷水シャワーすらありがたく感じてしまうから、インドの暑さって凄い!

夕食は、ジャガイモの中にナッツとドライフルーツを詰め、ソースで煮込んだダムアルーと、ほうれん草のビリヤーニ(ピラフ)をホテルのレストランで食べた。

8月15日　黒ゴマ油まみれのマッサージ

終戦記念日。奇《く》しくもインドの独立記念日でもある。

4日間滞在したリシケシュの街を離れてアナンダへ戻る。チェックアウト時に、ジェネラルマネージャーのパンワール氏にパスポート紛失の際に助けてもらったお礼を言うと、揚げたてのサモサを勧められたので、おいしくいただいた。アナンダでアーユルヴェーダを受けに行くと伝えると、話はいつの間にかマハリシ・マヘーシュ・ヨーギ（ＴＭ瞑想の創始者でアーユルヴェーダの施設も持っている）の話になり、たまたまロビーに居合わせたアメリカ人のＴＭ瞑想信奉者に捕まってしまった。

実は以前にマハリシ・マヘーシュ・ヨーギが書いたＴＭ瞑想の本を読んだことがあり、多少の興味はあった。本によると、個人に合ったマントラを与えられ、毎日20分、心の中でそれを唱えるだけらしい。

ビートルズが１９６９年にマハリシのもとで修行したことから世界中に広まり、アメリカでは、ＩＢＭやＴＯＹＯＴＡなどの企業が、社員にＴＭ瞑想を勧めており、瞑想のための時間も設けてあるという。健康になり、意識も明晰になることから仕事の能率が上がるそうで、どんなものかと問い合わせてみると、目が飛び出るほど高額だったので、怪しいと思って関わらずにいたのであった。

噂によると、ビートルズが滞在した際に、ジョン・レノンが当時のガールフレンドをマハリシに寝取られてしまい、失望して帰ってきたという話である。もちろんあくまでも噂であって、真偽のほどは定かではないが。

どうやらこの白装束のTM瞑想おじさんは、マハリシ・マヘーシュ・ヨーギのアシュラムに滞在しているらしく、

「人間は脳みその5パーセントくらいしか使っていないんだけど、TM瞑想を始めると、その使っていなかった分野が活性化されて、より創造的になるんだ！　健康にもいい。全ての疾病は50パーセント、特に心疾患は85パーセントも減るんだ。僕もTMを始めて人生が変わったよ」

と目をキラキラ輝かせながら、語ってくれたのだけれど、軽自動車1台分もかかるんじゃ、限られた人にしかできない。

「確かにTM瞑想を実践するには、費用がかかる。なぜだかわかる？　マハリシは、このTM瞑想を世界平和のために使いたいんだ。より多くの人を巻き込むには、それなりに経験を積んだ指導者が必要になる。世界中にそうした施設を作って、皆で平和

のために祈ることが目的だから、今はお金が必要なんだ」

みんなで平和のために祈るのはいいことだけれど、祈るだけならお金はいらない気もするけどなあ。建物の建造にお金が必要ということかしら？

「TMは科学的にも証明されているんだ。たくさんのリポートがある。アーユルヴェーダの薬も扱っていてね、どんな体質のひとにも、どんな病気にも使える万能薬があるんだ。メモをあげるから、もしアーユルヴェーダに興味があったら、買いに行くといい。これは、マハリシの薬局だけで扱ってるものなんだ」

マハリシがすごいのは、わかった。でもビートルズの一件はどうなんだろう。

「いいかい？　有名な人に噂はつきものなんだ。いくつかの本に書いてあるようなことは、決してなかった。ビートルズがアシュラムを去ったのは、ただ彼らに時間がなかったからなんだ。僕がマハリシと一緒にイギリスへ行ったときも、彼はジョージ・ハリスンに電話をかけていたよ。いつだってマハリシとビートルズは友達でい続けたんだ」

そこで、パンワール氏の合いの手が入る。

「まあ、ヒラリー卿とジョージ・マロリー、どっちが先にエヴェレスト登頂に成功したかっていう話と同じだよ。噂は勝手に一人歩きするけど、真実は当事者にしかわからないものさ」

確かにそれもそうだ。情報操作なんていとも簡単にできるもので、火のないところにも煙は立つものだ。余談だが、ジョージ・マロリーの遺体は数年前に発見されて、分析の結果マロリーは登頂しておらず、やはりヒラリー卿が最初の登頂者だったという記事をどこかで読んだ気がする。

白装束TM瞑想おじさんの話は尽きることなく、このままいくと1週間はかかりそうな勢いだったので、情報をくれたお礼を述べて車に乗り込んだ。

独立記念日であることも手伝って大勢の人でごった返すリシケシュの街へ寄り、昨日頼んだサーモンピンクのシャツを受け取りに行った。さすがはインド！　一晩でシャツを縫ってくれた挙句たった140ルピーだなんて、なんだか申し訳ない。今後はGAPやZARAですら高くて買い物などする気にならないかもしれない。

リシケシュの街を後にして山へ入っていくと、空気が澄み渡って気持ちよかった。アナンダに着くと、再度パスポートの提示を求められたが、紛失した旨を話すと、前回宿泊した際に取ったコピーをもらえることになった。捨てる神あれば拾う神ありということかしら？

午後はドクター・タンピのもと、アーユルヴェーダのコンサルテーションを受ける。

脈拍と問診、触診などで、私の体質はヴァータと診断された。タイで診てもらったときにもヴァータと言われたけれど、日本ではピッタだと言われた。どれが本当なんだろう？　結構いい加減なものだったりして？　アーユルヴェーダ的に人間を大別した、ヴァータ、ピッタ、カッパという3つのカテゴリーは、その性質を大まかに、軽いもの、暑いもの、重いものに分けられるそうなのだけれど、私は痩せ型でヴァータということになるらしい。

「デトックスを目的に来たんですけれど、どんなトリートメントがありますか？」

「デトックスは1週間じゃできないよ」

一笑に付されてしまった。

「いいかい？　初めの1週間は、本格的にデトックスを始めるための準備期間なんだ。本気でやろうと思ったら、1ヶ月は必要だね」

1ヶ月もアーユルヴェーダ三昧《ざんまい》なんて、並大抵の人間にはできっこない。

「そうです。時間的にも金銭的にも犠牲が伴います。でも、身体は確実に変わるんです。1ヶ月後に家族に会ってごらんなさい、顔が変わったって言われるよ！」

いくらインドがアーユルヴェーダ発祥の地とはいえ、全ての人がその恩恵を受けることができるわけではないらしい。そういえば、アーユルヴェーダで癌も治るというのは本当なのだろうか？

「アーユルヴェーダはB.C.1世紀から今世紀まで続いてきた伝統的な医療です。科学的なベースのもとに成り立っているので、初期の癌であれば治すことは可能です。しかし、基本的には予防医学なので、いかに身体のバランスを整えて、病気にならない身体にするかが目的なんだよ。まあ、1週間で治療効果は得られなくても、リラックスにはなるから」

と言って、私の体質に合わせたトリートメントのメニューを考えてくれた。

早速今夜、アビヤンガという二人のセラピストが同時にマッサージをするというトリートメントを受けることになり、トリートメントまでの間を瞑想のクラスに参加してすごすことにした。

シトシトと降り続く雨の音をバックに、先生が「瞑想とはなんだろう？」という話をしてくれた。

「瞑想とは、肉体と精神を飛び越えて、アートマン（真我）に気づくことなのです。そしてこのアートマンが宇宙の本質とひとつになることが目的です」

アートマン？　宇宙の本質？

「いいですか？　皆さんが眠りにつくとき、いくつかの準備をしますね。寝心地のいいベッドを用意して、部屋を暗くします。そして心を静めると、いろいろな考えが浮かんできます。しかし、眠りはいつの間にかやってきて、気づくと朝になっています。瞑想も同じように、準備をします。すると向こうからいつの間にかやってきます。その準備になるのが、呼吸とチャントです。祈りは各自の神に祈るといいでしょう。あなたが仏教徒なら仏に、あなたがクリスチャンならキリストに、あなたがイスラム教徒ならアッラーに、ヒンドゥー教徒の私はシヴァに祈ります。祈りは赤子の泣き声と同じです。その泣き声を神は聞き入れて手助けをしてくれるでしょう」

と言って、いつものオームを唱え始めた。

宗教を持たぬ私は、自然のサイクルに感謝をする気持ちでオームを唱えた。

いくつかの呼吸法とオームチャンティングを繰り返した後、シャバアサナになって身体の隅々に意識を巡らせると、いつしかフッと軽くなる瞬間がきて、静けさの中に埋没する。その気持ちよさといったら……。

クラスの終了後、アメリカから来たという中年女性が話しかけてきた。

「わたしは幾千万も現れる想念をかき消そうとするんだけど、いつもできないのよ。今だってじっとしていられないいんだもの。身体中が気になっちゃって。あなたはどこから来たの？」

ひとりで旅をしていることを述べると、

「ヴァラナスィに行った？　私あそこは本当に苦手だったわ！　汚いったらありゃしない。で、この先はどこへ行くの？」

ビハール州にでも行ってみようかと思っているのだが、

「まあ！　あなた、ひとりでビハールに行くの？　クレイジーだわ！　あそこは無法地帯って言われてるのよ！　駄目よ、ひとりで行っちゃ！」

と叱られてしまった。

仏跡めぐりには必ず入っているはずのビハール州がそんなに危ないところだったとは、知らなかった！　行くなと言われると、益々行きたくなってきた。

「私は2年間デリーに住んでるんだけど、インドで病気にかかって死にそうな思いをしたのよ。それからはもう怖くてどこにも行っていないの。久しぶりにこんなに遠くまで来たのよ」

彼女はどうやらアメリカ大使館関係の人だったらしく、インドが大の苦手なのだとか。

さて、アビヤンガトリートメントは、赤とオレンジそして茶色に統一された静かな部屋で、頭のてっぺんのツボに「風邪と咳と頭痛防止のハーブです」と言って茶色い粉をすり込まれるところから始まった。

「チーン」

もうひとりがベルを鳴らすと、両手を合掌のポーズにするように言われ、二人の女性がマントラを唱え始めた。

「オーム、ナマグルヴィシュヌなんとやら……」二人ともアーユルヴェーダの本場ケララ州の出身らしく、ヒンドゥー教のマントラを唱えるのだから当然ヒンドゥー教徒かと思いきや、ひとりはそうだったが、もうひとりはクリスチャンだという。インドに来て以来はじめてクリスチャンを発見。

「今ヴィシュヌ神に祈ってましたよね？　いいんですか？」

「いいんです。私はマントラを唱えながら心の中では自分の神に祈っていますから」

へえ〜、そんなものなんだ。でもつい先ほどの瞑想クラスでも先生がそんなようなことを言っていたから、いいのだろう。私は無宗教だから、いかようにでも変化できるけれど、特定の宗教を持った人でも異教徒と同じように祈ることができるなんて！

黒ゴマ油まみれのマッサージは、二人の見事なコンビネーションで、全身をくまなく揉《も》まれる。なんだかおいしそうな匂いでもあり、マッサージを受けるにはちょっとキツイ匂いでもあるのだけれど、頭にまでごま油を垂らされて、巧みな技術が備わった指で触られると、初めは興味本位で無駄な質問をいろいろとしていたのに、すっかり眠くなってしまった。眠ってしまうとマッサージの効果を味わえないような気もするけれど、この眠りから覚める気《け》だるい瞬間こそ、最高にマッサージを楽しんだ証であったりもするのだ。

仕上げには、個室内に設置されたスチームバスに5分間入り、シャワーを浴びて終わりなのだけれど、惜しげもなく塗りたくられたゴマ油は、用意されたアーユルヴェーディックシャンプーなどで落ちるような代物ではなく、身体にしても、石鹼で洗ってもなお天ぷら屋さんのような匂いが残る。

ベタベタの髪を何とか乾かし、パンジャビドレスに着替えると、だるい身体をひきずるようにしてレストランへと向かった。

独立記念日のお祝いにインド料理のライブビュッフェを行っているのを横目に羨みながら、ヘルシーなアーユルヴェーディック料理をいただいた。何日か前にも出てきたマスタードオイル入りほうれん草のスープをスターターに、カッテージチーズとかぼちゃのカレー、キャベツの炒め物、冬瓜とトマトの煮物に玄米を添えて食べたのである。

夜霧の冷たい湿気の匂いに、山もいいものだと再び思う。

8月16日　スパ万歳！　ヨガ万歳！　食いしん坊万歳！

朝から大降りの雨で土砂崩れがあったらしい。そのお陰で先生の到着が遅れ、7時30分から始まるはずのヨガクラスは30分遅れで始まった。6人集まったうちの5人までもが日本人である。

アナンダで最も若い熱血先生は、初心者だろうが容赦なく難しい理屈やヨガ哲学を説き、かなりの習熟度を要するテクニックを惜しげもなく披露してくれただけでなく、私たちにも同じことをやれという。リラックス目的で来ていた人たちにとってはたまらなかったことだろう。

数回のレッスンでヨガの全てを理解しろと言ったって、無理な話だ。恐らく彼自身、頭では理解していても、到達すべき心の平和を見出してはいないように見えて、眉間《みけん》にシワを寄せて必死になって教える姿がかわいらしい！

しきりに「クンダリーニを刺激して、エネルギーを頭頂まで持っていきます」とか、「エネルギーを螺旋《らせん》状にすると上に持ち上がりやすくなります。そうすると、アンチエイジングも可能です」とか、「ヨガで悟りを得れば涅槃《ねはん》に入り、輪廻のサークルから抜け出すことができます。例えば仏陀はヴィシュヌ神の生まれ変わりだといわれていますが、ついに涅槃に入りました。だからもう生まれ変わらないのです。イエス・キリストも同じです」などと、初めての人が聞いたら引いてしまうような話をかなり興奮気味にするのであった。

幸い、集まった人たちが日本人ばかりだったので、文句を言って帰るようなことはなかったけれど、これが欧米人だったら、「疲れた」とか「面倒臭い」とか「話にならない」と言って帰っていくこともあるんだろうなあ。

ヨガクラスで一緒になったAさん、Yさんとともに朝食を摂った。先ほどのクラスについて話してみるとやはり、「きっと真面目なんだろうね」とか、「英語なのに何を言ってるのか意味がわからなかった」ということだった。それはそうだ。起きぬけに腹筋をフルに使わされ、「そんなんじゃ駄目だ！　限界を超えて頑張れ！」と言われたって、そうそうできるものじゃない。

これがラムさんだと、たとえ同じことを行ったとしても、穏やかな声に導かれて自然に限界を超えてしまうのだけれど……。

AさんとYさんも心身を浄化しに来たといい、久しぶりに日本語でたわいない会話をしながらの食事は、慣れない英語の文法をデタラメに組み立てて質問をすることに疲れていた私にとって、とても心地よかった。

食後はすぐにスパへ向かい、シロダーラというトリートメントを受けた。二人のテラピストによるサンスクリット語のチャントは、部屋の隅々までこだまして、頭にもビリビリと響くのがとても心地よい。

昨日と同じように、百会《ひゃくえ》にハーブパウダーを擦り込まれ、うつ伏せの姿勢から始まった。背中をごま油で簡単にマッサージすると、今度は仰向けに。いよいよ額の第3の目といわれるスポットに温かいゴマ油が垂らされる。頭上にぶら下がった漏斗《ろうと》からヒタヒタと間断なく流れ出るゴマ油は、やはり天ぷら屋さんの匂いだった。

やがて自分自身も天ぷら屋さんの匂いにまみれた頃、テラピストの手が入って額と頭のマッサージが始まる。その触り方がとても丁寧で、大事に大事にマッサージをしてくれているのがわかる。人の手は触れただけでその人の心の中まで見えてしまうから恐ろしい。

できれば悪意のある人の手には触れたくはないし、触れられたくもないけれど、やむを得ず接触した場合、やはり悪意のある手をしているし、わたしの手も拒絶しているることが相手にわかるものだと思う。

その点アナンダのテラピストたちは技術的にはもちろんのこと、ホスピタリティーもよく学んでいて、なんの不安もなくトリートメントを受けることができる。惜しげもなくゴマ油を使い、優しい手に導かれて深い眠りに入ると、あっという間に時間が過ぎる。最後のスチームバスに入る頃には意識は朦朧《もうろう》として、今にも永遠の眠りに就いてしまうかのようだった。

油まみれの天ぷら屋さんトリートメントの余韻を味わいながら、リラクゼーションルームでお茶を飲み、『深夜特急』などを読んでいると、同じインドでも、最高のスパにいる自分と、田舎の子供たちのための自立支援アシュラムにいる沢木耕太郎さんとの落差に、またもや後ろめたさを感じる。

私にはあんなハードな旅はできない。スパ万歳！　ヨガ万歳！　食いしん坊万歳！

朝の激しいヨガには参ったけれど、ラムさんとのプライベートヨガセッションにはニコニコしながら出ていった。

「この何日かで自主トレーニングをしましたか？　何か質問はありますか？」

まずはアシュラムについて話した。

「ヨガニケタンに行ってみましたが、私が望んでいたものとは違いました。肉体的なトレーニングの場として、規則的なヨガ生活の場としては相応しいと思いましたが、魅力的な指導者に出会うことはできませんでした。その一方で、シヴァナンダアシュラムでは、素晴らしい先生に会うことができました。まだよくわかりませんが、アシュラムだけが修行の場ではない気がします。本当はどうなのでしょうか？」

「ヨガニケタンは近年指導者の入れ替わりが激しいので、もしかしたらいい指導者に当たらなかったのでしょう。シヴァナンダの先生は、ヒンドゥー教の僧侶だと思います。女性の先生でしたね？　いずれにしても、どこで学ぶかが問題ではないのです。誰に学ぶか、どのように学ぶかです」

朝の狂信的情熱先生が教えてくれた、クリヤーというお腹と背中がぺったんこになるくらい腹筋を使う、初心者にはいささか難しすぎる行法についても尋ねてみた。

「内臓を活性化させ、意識を明晰にするのには必要です。あなたもそろそろ始めてもいい頃でしょう。ただし、初めのうちは決してやりすぎないように」と言って正しい行い方を丁寧に教えてくれた。

「いいですか？　何度も言うように、たくさんのポーズをこなす必要はありません。いくつかの限られたポーズでも正しく行えば、それだけの効果があるのです。未完成のポーズをたくさん行うよりよっぽどいい。今は随意筋しか動かすことができなくても、いずれは不随意筋、つまり心拍数までもコントロールできるようになります。難しく考える必要はありません。ただ毎日ほんの少しの時間をヨガのために割いてみなさい」

またしても、人の本質を見透かすような、それでいて多くを求めない目で諭されると、「はい。続けます」と言ってしまった。

ラムさんは15歳にして自身のヨガへの興味に気づき、エンジニアになることを期待していた両親の反対を振り切って、修行に臨んだのだという。

「お前は朝から晩まで何をそんなにクネクネやっているんだ。わけのわからない遊びはいい加減卒業して、ほかにやるべきことがあるだろう！」

果たして自分たちの息子が何をしているのか理解するまでに、ラムさんの両親は10年の歳月を要したという。

マッシュルームと野菜のクリアなスープ、レンズ豆のもやしサラダ、リゾットとスチーム野菜という昼食を食べながらも、ラムさんの話を反芻《はんすう》していた。

夕方に再びスパエリアへ行くと、ガルワールへ来て以来珍しく空が晴れ上がり、沈みゆく太陽が見事なグラデーションを描いており、静かに見入ってしまった。

チョールナスェダンという、麻袋に米とハーブを包んだもので全身をマッサージするトリートメントを受けた。ごま油で身体をマッサージしてから、熱い麻袋を押しつけるようにマッサージしてくれたのだけれど、油膜の上からハーブエキスが浸透するのかどうか、少々疑問に思いつつも、悪い気はしないので、されるがままに任せていた。

完全に闇になる手前の、一条のオレンジ色の光が闇に消えるのを見届けて、スパを後にした。空を見上げると、明るい月とほんの少しの星が輝いていた。

いつものパンジャビドレスを着てレストランへ行くと、AさんとYさんがすでに食事を始めており、仲間に入れてもらうことになった。食事が振る舞われるまでの間、手持ち無沙汰にしていると、彼女たちがほうれん草のカレーを分けてくれた。またしても、人様のお皿のものを恵んでいただくことになったのである。

女同士のスパ旅行で、ワイン片手に話をしている二人がとても羨ましくて、久しぶりにお酒を口にしたくなったけれど、グッと堪えて、お白湯片手に話に加わった。

イタリア在住のAさんは、日本人らしい細やかな気遣いと、イタリアで学んだであろう、明るい大らかさを兼ね備えていて気持ちのいい女性だ。東京でなにやら水や空気の流れを測定する会社に勤めているYさんとは、学生時代からの友人関係らしく、ヨーロッパでバックパック旅行をした仲だという。

インドへ初めて来たというわりに、デリーからデラドンまでの飛行機がキャンセルになり、見知らぬ人の車に便乗してここまで来たという、なかなか度胸のある人たちだった。

「インド人って、なんで道端で寝ているんだろう?」

「インド人ってもっと臭いかと思ってたけど、意外と綺麗好きで、全然臭わないよね」

「いや、インド人も、臭い人と臭くない人がいて、ベジタリアンは全然臭くないけど、臭い人はたぶんヤギ肉を食べてるんだと思う」

「あ、道端で男の人がしゃがんでおしっこしてたよね」

「ここまで車に乗せてきてくれた人は、瞑想とかヨガとか修行とか言ってたけど、自分は10人もメイドがいて、一度座ったら全然動かずに、全部メイドがやってくれるんだって」

「インドのサリー、きれいだから買って帰ろうかな」

「いや、日本に帰ったら、絶対にあの人インドから帰ったばかりでかぶれてるって、笑われますよ」

「いるいる、そういうひと」

「でもスィーク教徒のターバンがかっこいい!」

「あの巻き方教えてほしいよね」

「あの中には、飴玉《あめだま》もお金もキャッシュカードも、全部隠してあるらしい」

「うそー！」

女同士の会話のはずむこと！

8月17日　全ては過ぎ去っていくもの

プライベートヨガセッションで、今まで使ったことのない新しい部屋に入ると、仏像が置いてあった。

「私はヒンドゥー教徒だけれど、仏陀は好きなんだ」とラムさんが言う。

そういえば、悟りを開くために肉体的な鍛錬をするのはヒンドゥー教と仏教くらいだろうか？　よく考えついたものだ。

「ヨガはたまたまヒンドゥー教徒によって発見されただけの話です。確かにヨガのベースにはヒンドゥー教が深く関わっているけれど、誰がやろうと構わない。ただひとつ言えることは、この肉体の鍛錬が悟りへの近道になり得るということです。私たちはこうしたメソッドを教えてくれた先人たちに感謝しなくてはなりません」

深く静かな声に諭されると、邪推や口答えの機会をついつい失ってしまう。

「しかし、ヨガの本質について誤解されることが多いのも確かです。例えばヨガの禁忌の中に、暴力があります。非暴力とは当然のことながら不殺生も含みますが、不殺生を完全に貫くことは不可能です。私たちが息をするたびにたくさんのバクテリアが死にます。ジャイナ教では、こうしたことを避けるためにマスクをしていますが、不殺生を曲解した例です。ジャイナ教の創始者はそうした極端な不殺生を説いたつもりはないはずです。食べ物はどうですか？　肉を食べたければ食べてもいいでしょう。それはあなたの選択によるものです。しかし、忘れてならないのは、肉を食べるということは、動物を殺すことを推奨しているという意味にもなるということです。それでも食べたければ構わないでしょう。ただし最小限に控えるべきです。野菜という選択肢もあるのですから。しかし、野菜とて、生きているのです。完全なる不殺生は私たちが生きている限り不可能です。だからこそ、最小限に抑える努力をすべきなのです」

食は殺生だから感謝して食べるのだとは、懇意にしているお蕎麦《そば》屋さんの女将《おかみ》さんにいつも言われていたことだったけれど、基本的に人間のために全てが与えられていると思っていたから、なんでも食べていいものだと思っていた。生きとし生けるもの全てに平等の価値があると考えるなら、魚介類さえ食べられなくなるだろう。

「そうですね、私は魚介類も食べません」

なんて、厳格な！　インドのベジタリアンは、卵も魚介類も動物性の出汁《だし》も使わない代わりに、乳製品、とくにギーと呼ばれる精製したバターをよく消費する。加えてヤギや水牛のカッテージチーズも、ベジタリアンの生活を豊かにするものなのだろう。

「もうひとつ、ヨガの修行に禁欲があります。しかし、一生ひとりで生きろという意味ではないのです。結婚をし、子供を持ってもいいでしょう。貪らなければいいのです。これも誤解している人がたくさんいるようです。そして、ヨガは肉体的な行法だけを指すことが多いようですが、本来はそれだけではありません。肉体の鍛錬は、さっきも言ったように、悟りを得るためのステップでしかないのです。針のむしろの上に寝そべったり、空を飛んだりというようなことは何の意味もなさないのです。人を魅了することはできても、あなた自身には何ももたらしません。空を飛びたければ、お金を払って飛行機に乗ればいい。わざわざそんな無駄なことのために何年も費やす必要はありません」

「空を飛びたければ飛行機に乗ればいい」というのには、納得しつつも笑ってしまった！

「ああしたことは、ただのデモンストレーションであり、人に対する宣言です。気をつけてください。宣言することはエゴにも繋がります。あなたが僧侶になりたければ、出家して山に籠《こも》る必要などないのです。自宅にいながら、家族を抱えてでも僧侶になることは可能です。人に言う必要すらないのです」

恐らく私が僧侶になる日は一生訪れないだろうから、当然、人に言う必要はないだろう。

「私もたくさんのアシュラムや師を訪ねました。しかし、答えはずっと見つかりませんでした。今は、妻もいて子供もいます。しかし、自分の修行は変わらず続けています。今も勉強中です。ところで、悟りとは何でしょう？」

正しくはわからない。恐らく体験した人にしかわからないものだろう。

「悟りとは、気づきであり、満ち足りた状態のことです。不満を抱かなくなることです。あなたは仏陀の生涯について何か知っている？　もしよかったら話してみて」

と、いつものようにこちらに考えるチャンスをくれた。仏陀の生涯について、私が聞き知ったことを述べると、仏陀と悟りの関係について更に詳しく教えてくれた。

王家に生まれた仏陀は、妻子を捨て、豊かな暮らしも国も捨てて出家し、数々の師に学び、言われたとおり数々の苦行をこなしたけれど、悟りを得ることはできなかったと。膝ほどもない浅い川を渡るのすら困難なほど痩せ細り、生気を失ってみて、「こんな苦行は何ももたらさない」と気づいたのだという。

今にも死にそうな仏陀にスジャータという娼婦がミルク粥を差し出すと、修行中の身にもかかわらずそれを口にしたそうな。そんな仏陀を見て弟子たちは去っていったけれど、満腹になり、深い眠りの後に初めて悟りを開いたのだという。仏陀の気づいたことは、豊かすぎる暮らしも、苦行も、悟りをもたらさないということだった。

「ヨガも同じように中庸を説いています。何事もバランスが大切で、極端に偏りすぎないようにと。世の中は相反する二つの力で成り立っているのですから」

ところが仏陀は、誰にも理解できないであろうと、自らの体験について口をつぐんだ。無知な人々に話しても誤解されるだけだと。ラム先生が面白いたとえ話をしてくれた。

「ある精神科医が、田舎の村で飲酒の危険性について人々を集めて講義をしました。先生はなんとか飲酒をやめさせたいと思い、実験をしてみせました。酒のビンに蠅を1匹入れて振ったのです。すると、当然のことながら中の蠅は死にました。これを見た村人たちは、お酒はお腹の中の悪い虫を殺してくれる薬だと喜びました。精神科医の意図は全く逆の捉え方をされてしまったのです」

多くの聖人は自らの体験を語りたがらないという。残った書物はほとんどがその弟子たちによって書き記されたものだと。ああ、そういえば、イエス・キリストも仏陀も書籍は残していない。

仏陀は説法することを初めは拒んだものの、後に「本当に理解のできないひともたくさんいるけれど、手助けをすれば理解できる人もいるのです」と弟子たちに促されて、各地で教えを説くことを決意したという。

「悟りを開いた人の中には2種類います。多くは悟りを得て自分が幸せになったら、世俗のものには興味を示しません。人にも興味を抱かないのです。山の中に籠り、自然と語らい、野生動物たちと共生している人もたくさんいます。私たちは見つけることすらできないでしょう。しかし、仏陀のように、その喜びを分かち合おうとする人もいるのです。イエス・キリストはどうですか？　自らが殺されるというのに、それでも罪びとたちを許そうとしました。それこそ本当の哀れみです」

私は、そんなふうに哀れみ深くなることは到底できない。牛に頭突きをされた直後に牛を虐待している野菜売りの少年を見て、あだ討ちをしてもらった気になったくらいだもの！

「人間だから当然です。しかし、悟りを得たらそうなれるのです。なぜですか？　至上の幸福に包まれるからです。怒りも苦しみも嘆きもなくなるのです。そうすれば、無償の愛を体現できるでしょう。それはまるで太陽のように、大地のように。私たちは自然からたくさんの恩恵を受けますが、何も返していません。しかし太陽は降り注ぎ、大地は食べ物を与えてくれるではありませんか」

今のところ、人に情けをかけるよりも自分のことで精一杯だし、喜怒哀楽があってこそ人間らしい気もする。

「いいですか？　何事もバランスが大事なのです。そのために片鼻呼吸で右脳と左脳のバランスを整えるのです。この世の中に変わらないものはありません。諸行無常なのです。どんなに嬉しいときも喜びすぎないように。その代わり、どんなに辛いときも、悲しむ必要はありません。すべて過ぎ去っていくものですから」

それならわかる気がする。もうそんなに大きな期待を抱くこともないし、どんな結果も受け入れることにしている。それにしても、説教くさい話題もラムさんの口から発せられると、素直に聞き入れられるから不思議だなあ。

チャイニーズもどきの不思議な味の昼食後、17時からパレスで行われた瞑想のクラスに参加した。

ビージェイ先生は「瞑想には数えきれないほどのメソッドがあります。ヴィッパサナ、オショー、TM瞑想に始まって、世界中にいろいろなものがありますが、どんな方法でも、自分に合ったものを見つけられればそれでいいのです。リシケシュの街に行くのに、飛行機で行こうが歩いて行こうが電車で行こうが、自由なのと一緒です」と言った。

確かにそうだと思う。私がリシケシュで出会ったTM瞑想おじさんは、「TMが世界で一番素晴らしい瞑想の方法だ」と力説するだろうけれど。

クラスの後、雨上がりの空が雲を残しつつも晴れ渡り、ヒマラヤの山々があまりにも美しかったので見とれてしまい、トリートメントの時間に遅れそうになった。スパへの道を急いで帰り、ピニチルという4リットルものゴマ油を注がれながらのマッサージを受けた。

全身に滴るごま油を搔《か》き分けるように優しく丁寧にマッサージされながらウトウトするのは至上の幸福で、これがラムさんの言う悟りの境地かしら？　と勘違いしそうになった。

因みにこのごま油、こちらではひとりずつ使い捨てにするらしいのだけれど、本場ケララでは油を回収して2、3人ずつ使いまわすのだという。エコにはいいかもしれないけれど、使い古した泡だらけの天ぷら油を思い出して、ちょっと気持ちが悪くなった。

8月18日　極楽浄土の幸せ

朝ヨガのクラスに参加。幸いなことに、若手の熱血しかめっ面先生ではなく、思慮深いラム先生の授業だった。

単純で簡単そうに見えて、キープするのはとても難しいポーズをいくつか行った。

「ポーズを解く際に決して急がないように。ヨガのクラスだけでも、全ての動きをゆっくり行ってみてください。残りの時間はどんなに急いで時間に追われても自由ですが、この時間だけは、静かに、そしてゆっくり過ごして、リラックスに努めてくださ い。ヨガは量ではありません、質が重要です。動きを急いでも表面的な効果しかありません。より深い効果を求めるならば、ゆっくり行ってみてください。どんなに内臓が震えていても笑顔をつくってみると、リラックスできますよ。ひとつひとつの体験を味わってください」

こういった話を聞くと、クラスの後も、ゆっくり歩き、全ての動作を大切にゆっくり行うようになるから人間って単純だ。洗脳されているのかしら？

アサナをひととおり行った後、プラナヤーマの練習ですと言って、皆でハミングを繰り返した。

「これは、大脳をリラックスさせ、精神安定の効果があるプラナヤーマです。単純ですが、神経システムには大きな効果が期待できます。夜寝る前に行うと、眠りの質が上がります。すると必然的に日中も快適に過ごせるようになります」

うん、確かに皆のハミングが重なって綺麗なハーモニーになり、頭にビリビリと響いて気持ちがいい。

「Hummmmmmmmmmm」

イタリアから来たローラに「朝からあの先生しゃべりすぎよ。ゆっくりやれとか、表面的な効果がどうとか、大脳のニューロンがなんちゃらとか、ほっといてほしいわ。あなた、ああいうのが好きなの？」と言われて困ってしまった。

ラム先生の教え方は、とても穏やかで心地よいものだと思っていたけれど、人によって受け取り方は様々なのであった。

朝から気分爽快で、フルーツの盛り合わせと、マサラドーサも残すことなく平らげた。チャイを飲みながら、インド好きの友人から届いたばかりの手塚治虫著『ブッダ』をめくり始める。昨日ラムさんからブッダの話を聞いた直後に小包が届いたのであった。あまりのタイミングのよさに笑ってしまった。

スパレセプションに行くと、腕に大きなパッチを張った女性がいた。「これは、慢性的な痛みを解消するためのパッチなの」と言う。レセプショニストの女性に、「この方は5ヶ月間私たちのもとに滞在している家族みたいな方なんですよ」と紹介された。

アーユルヴェーダのドクター・タンピに、1ヶ月は滞在しないと意味がないと言われて、どこの誰が1ヶ月もここで過ごせるのだろう？　と思ったけれど、世の中にはずいぶんゆとりのある人もいるようで、マダム・ジジは5ヶ月もの間アーユルヴェーダと瞑想三昧だったという。まあ、なんと贅沢でお気楽な！　と思いつつ、何か理由があるのだろうと尋ねるや、堰《せき》を切ったように話し始めた。

「私はずっと病気だったわ。ありとあらゆるドクターに会って、薬も嫌っていうほど飲んだわ。でも何も変わらなかったの。体中が痛くて、両親が看病してくれたけど、3年間寝たきりの生活をしてみて、最後には死んでしまいたいと思ったの。ところがね、ある日突然、若い頃にインドに来たことを思い出したの。すぐさま母に言ったわ。私はインドに行くって。自分ひとりでは歩けもしなかったのに、飛行機のチケットを取って、付き添いと一緒にデリーまで行ったわ。そこで2ヶ月よ。それでも何も変わらなかった。だからここへ来たの。最初はごま油まみれのアーユルヴェーダが意味のないものに思えて、もう帰ろうって思ったのよ。でも、試しに何回かやってみてから決めてもいいじゃないかって言われて、少し滞在してみたら、何かが変わり始めたの。その後は少しずつだけど、着実によくなっていったわ。瞑想も始めたしね」

やはりマダム・ジジもラム先生とのセッションを楽しんでいるのだろうか？

「私はビージェイに習っているの。レセプションで彼の顔をひと目見ただけで、この人が私の探していた人だってすぐにわかったわ。私には師が必要だったのよ」

そう言いながら、感慨深げに頷《うなず》いていた。

「私は少しずつ強くなってきたわ。肉体的にじゃなくて、精神的にね。そろそろ、ここを離れる時が来たのかもしれない。ブータンを旅行してから家に帰るつもりよ」

マダム・ジジは、長い眠りから覚めたばかりのような、眩《まぶ》しそうな顔をして初めの一歩を踏み出そうとしていた。

18時30分からはアロマテラピーを受けた。イギリス人の女性だったので、どうせ表面をサラサラとなでる程度のマッサージだろうと期待をしていなかったのだけれど、身体のマッサージこそゆるめだったけれど、首から頭にかけてのマッサージだけは別人のように素晴らしいテクニックで、望む場所に自然と指が入り、適度な力加減で引っ張り上げられて、極楽浄土にいるかのような多幸感を味わった！

8月19日　限界を超えたヨガ修行

朝ヨガのクラスに参加したのが間違いの始まりだった。

若手熱血先生の指導は、ますます激しさを増し、クリヤーという、腹筋と内臓を極度に刺激する行法は私の限界を超えてしまったようだ。朝食を食べ始めた頃から胃がシクシクと痛み始めたのである。

胃の痛みに耐えかねた私は、朝食もほとんど食べずにドクター・タンピの部屋を訪ねた。前回と同じアーユルヴェーダの薬を処方されたけれど、痛みは続く。

アビヤンガのマッサージを受けていてもずっと痛み、空腹はいけないというドクターの言葉を信じて無理にキッチディーを食べたけれど、更に胃が氾濫《はんらん》を起こしているようで、隣に座ったアルカさんというインド人の作家がかなりいい話をしてくれたのだけれど、あまり覚えていない。よって、午後の予定はキャンセルして、『ブッダ』を読みふけった。

時間を経るごとに痛みは増して、とうとう耐えきれずに夕食も食べずに寝入った。

8月20日　まだまだ痛みは続く

何時間寝たのだろうか？

昨日の夕方からの胃の痛みに耐えながら、寝続け、気がつけば朝の7時だった。

胃の痛みは引いたものの、ヨガクラスに参加する気にもなれず、オートミールをゆっくり食べた。

11時30分からのヨガセッションは、ラム先生との最後のプライベートレッスンなので、身体がだるいのを押して出た。

「昨日のクリヤーをやってから、胃が痛いのですが、関係があるのでしょうか？　今思うと、以前もクリヤーをやった後に胃が痛くなったのですが……」

ラム先生がいつものようにゆっくりと言う。

「慣れないうちはそうした可能性も大いにあります。初めのうちは少しずつ行うといいでしょう。決して無理はしないように」

無理を煽《あお》ったのは、あの若様なんだけれど。まあいいか。限界を自分で見極められなかったのが悪いのだ。

胃の調子を考慮して、ゆっくりと、鋤のポーズや肩立ちのポーズ、ブリッジ、ツイストなどを行う。各ポーズの間にはシャバアサナで深呼吸をさせてくれたので、ずいぶんと楽だった。どんなにきついポーズでも、ラム先生の場合は限界をきちんと見極めてくれるので、安心して頑張れる。今日でこのレッスンも最後かと思うと、なんだかとても寂しい。

片鼻呼吸からハミング、そして短い瞑想をすると、静かな部屋を出た。

クラスで大勢とともにアサナをこなすのも心地よいものだけれど、より深い話を聞くことができたラム先生との出会いはとても貴重なものであった。

午後はアビヤンガでウトウトしたのち一旦部屋へ戻り、締め切りに追われている連載の原稿を書きつつのんびりと過ごした。

夕方にはタンレパという、アーユルヴェーダ式のボディーマスクをしてもらった。まずタオル地の乾いたミットで全身を軽く擦《こす》られて、その後ゴマ油を塗られる。そして、見た目には泥パック風の、しかしハーブがたくさん入っているという少々酸っぱい香りのペーストを顔以外の全身に塗られる。

そして、そのまま放っておかれるので、寒いなあと思っていると、据えつけてあるシンクでバスタオルを濡らし始め、二人がかりでぎゅっと絞ると、さっと広げて私の上にかけてくれた。水で濡らしたのかと思いきや、湯加減をはかりながら温めてくれたのであって、冷めないうちにまた次のバスタオルを温め始め、先のタオルと交換するという、日本でのヒートマットに比べると、ずいぶん原始的な方法で、マスクの浸透を待つのであった。

そういえば、ドクター・タンピの部屋で体重を量ったときも、いまどき珍しく重りで調節するタイプの体重計だった。数年前の私だったら、こうしたことの一々がもどかしく感じられただろうけれど、今やのんびりしていていいなあと羨ましくさえ思える。

さて、15分ほどタオルの交換が続くと、スチームバスがボコボコと音を立て始め、5分間温まって終わりとなった。デトックス効果があるというこのマスクがどの程度浸透したかはわからないけれど、心なしかすっきりした気がする。

外へ出ると雨だった。雷鳴も轟《とどろ》いていたので、レストランへ向かう気になれず、食事はルームサービスで済ませた。

今日も部屋の電話が使えない。仕事に差し障るけれど仕方がない。停電はもはや当たり前のことになってしまった！

8月21日　気楽にいこう

6時30分には起きて、自室でヨガを行う。バラム先生に言われたことを思い出しつつ、東京の先生の顔も思い浮かべながら、バルコニーの扉を開け、清々しい空気と、滝の音をバックに、太陽礼拝のシークエンスを始めた。

3回も行うと身体が熱くなり、汗が滲んでくる。戦士のポーズの2番、トリコナアサナ、ネジリの入ったトリコナアサナ、前屈、鋤のポーズ、肩立ちのポーズ、弓のポーズ、開脚、などを順に行い、最後に瞑想をした。

いつものように、カパラバティー、片鼻呼吸、ハミングの後に、深く静かな呼吸を続けて、闇の中に留まる。滝の音に耳を澄ませ、しだいにその音が聞こえなくなるまで意識を遠く遠く広げていくと、時間の流れが止まったような不思議な気持ちになった。

1時間半くらいかけただろうか？　身体が楽になったところで、リシケシュで購入したオレンジ色の腰巻、ドティーを巻いて、クルタパジャマの上だけを着て、レストランへ行った。

今日は宿泊客が多いのでビュッフェになっており、食べたこともない、ヒヨコ豆のカレーや、ウプマという米の粉で作ったペーストが出ていた。胃の痛みもすっかり治ったことから、久しぶりにしっかりと朝ごはんを食べることにした。揚げたてのプーリもヒヨコ豆のカレーと一緒に食べるとおいしかった。

午前中のトリートメントはピニチル。温かいごま油まみれのゆるーいマッサージでゆるーい気分に。

夕方ドクター・タンピのライフスタイルコンサルテーションがあり、私の体質に合った食べ物とそうでないものについてアドバイスを受けた。

「緑黄色野菜はもっと食べてもいいでしょう。ただし、生は避けるように。消化に悪いので。サラダにするなら蒸してから使用してください。モヤシ類は大いに摂ってください。ビタミンEが肌の衰えを抑えてくれるでしょう。穀類は白いものよりも、全粒つまり、米なら玄米、パンなら黒いものがいいでしょう。乳製品は、駄目ではないのですが、牛よりも羊かヤギを勧めます。できれば豆乳のほうがいいのですが。ヨーグルトは朝昼は結構ですが、夜は控えたほうがいいでしょう。赤みの肉は避けてください。食べるなら鶏肉を。魚は、サーモンとマグロをお勧めします。オメガ3の含有量が多いからです。アーユルヴェーダでは、お腹の50パーセントを食べ物で、30パーセントを水分で、残りの20パーセントは空けておくことを勧めています。特に夕食は、昼食より軽いものにしてください。

日本では、サーモンやマグロより、鰯《いわし》や鯖《さば》のほうがオメガ3の含有量が多いと言われています、なんて言っても仕方がないので、「Am I right or not?」

「You are right」と答える。そういえば、未消化の食べ物が体内でアーマとなって悪さをするんだっけ。

「そのとおりです。こうして食事のバランスを整えれば、大概の病気は防ぐことができます。Am I right or not?」

早口でまくし立て、最後に「Am I right or not?」と聞いて「You are right」と相手に言わせるのが、ドクター・タンピの癖みたいだ。

「Yes, I'm always right! 次にあなたが1ヶ月滞在するなら、完璧なデトックスをしてあげましょう。ああ、それから、夜寝しなにテレビを見ないように。アガサ・クリスティーも読まないように。CNNもBBCも悲惨なニュースばかりで心配事が増えるし、アガサ・クリスティーも次の展開が気になって、眠れなくなるでしょう？これ、アーユルヴェーダと関係ないね。僕のシンプルライフワイズね！」

誇らしげに言うと、ドクター・タンピは嬉しそうに笑った。ドクター・タンピに言われなくても寝しなにテレビは見ないし、アガサ・クリスティーも読んだことはないけれど、『ダ・ヴィンチ・コード』は確かに眠れなくなったっけ。シンプルライフワイズをありがたく心に留めておきます。

夕方はシロダーラのトリートメントを受けた。ここへ来て一番好きだったのがこのトリートメントかもしれない。額に間断なく垂らされる温かいごま油は、ただでさえヒマラヤの山中という素晴らしい場所にいるのに、更に居心地のよいどこかに連れて行ってくれる。

インド美人が二人がかりでこの天にも昇るようなトリートメントを施してくれる間にだんだんと日が暮れていき、「終わりましたよ」とそっと起こされる頃には窓外は真っ暗で、朦朧としながらスチームサウナに入ってその余韻を味わう。できれば一生あの木製のベッドに横たわり、額にごま油を垂らし続けてほしいと思う。

アナンダ最後の夜は、久しぶりにパンジャビドレスを着てレストランへと出向いた。トリートメントのあとで腑抜け状態になっていたので、カレーを食べる気にならず、アスパラガスのスープと、野菜の入ったペンネを食べた。

夜になって、久しぶりにインターネットが開通した。この館内には、ワイヤレスネットワークが設置してあるにもかかわらず、電話と同じでほとんど繋がらず、仕事にも支障をきたした。送れずじまいだった連載の原稿もようやく送ることができた。締め切りを2週間も過ぎてしまったけれど。

まあ、インドで全てが思うようにいくことを期待していたらノイローゼになってしまうだろうから、気楽にいこう。

8月22日　ラム先生と最後のお別れ

朝はゆっくり起きて、朝食を摂りにレストランへ。チッラという食べ物を頼んでみた。ヒヨコ豆の粉で作ったクレープに、炒めたレンズ豆もやしとトマトとタマネギが挟んであるというシンプルなものなのだけれど、さっぱりしていて、とても食べやすかった。

インドに来て以来一度も肉や魚を口にしていないのだけれど、工夫をすれば、動物性たんぱく質なしでもこんなにおいしく食べられるものなのね！　この国にいる限り、永久にベジタリアンでも苦しくはないなあ。南インドで魚のカレーを見せられたら食べたくなってしまうだろうけれど。

魚といえば、インドに来る前に食べた鮎がおいしかったなあ。岩牡蠣《いわがき》も旨《うま》かった。帰る頃にはスーパーにスジコが並んでいるんだろうな。今年はいくらのしょうゆ漬けを作るのを諦めなくちゃいけないかな？　ああ、やっぱり好きだ、海の幸。不殺生ベジタリアンじゃ、北海道に行ってもカニなんて食べられないし、沖縄に行っても捕れたてのシャコガイを食べることもままならない。

どうしよう？　どうしようどうしよう？　果たして、海の幸は人間のために与えられたものではないのかしら？　やっぱり、動物だろうが魚介類だろうが、命あるものを慈しみましょうと言ったら、植物もみんな生きているから触れてはいけないし、食べてもいけないような気もする。ああ、どうしよう？　どうすれば、いいのだろう？　今は野菜料理だけで本当に十分なのだけれど、日本に帰って野菜料理だけで満足できるかどうか心配だ。隣で秋刀魚《さんま》や太刀魚《たちうお》を食べている人がいたら、絶対に食べたくなるはず。

いいや、我慢できなくなったら、食べよう。食べればいいじゃないか。そのかわり、感謝していただこう。ありがたく、大切にいただこう。

午前中は最後のアーユルヴェーダトリートメントで、アビヤンガを受けた。まだ昨日のゴマ油が髪についたまま、更にゴマ油をかけてもらい、全身くまなくマッサージをしてもらった。アーユルヴェーダトリートメントも今日で最後かと思うと、とてつもなく寂しくなってきた。マッサージに身をゆだねて眠るどころではなく、この平和な静けさからまた、街の喧騒に戻っていくかと思うと、憂鬱《ゆううつ》な気分だった。

最後の昼食には、真面目にアーユルヴェーディック料理を頼んだ。今日は洋食で、トマトのスープと、サフランで香りづけしたほうれん草のラビオリだった。ここのシェフはずいぶん努力してローカロリーかつ目も舌も同時に満足できるおいしいものを提供してくれている。インド全土で、ギーを使った脂っこい料理が多いのに、オリーブオイルかひまわりオイルしか使わないというからありがたい。

ここを離れれば、油もスパイスもふんだんに使ったヘビーなカレーを食べる毎日になるだろう。そろそろ、なんでもないシンプルなご飯とお味噌汁が恋しくなってきた。

昼食後すぐにタイマッサージを受けた。オイルを媒介にした優しいマッサージが続いたので、仕上げにハードなマッサージも受けてみようというわけだった。ここではタイマッサージをできるのは男性しかいないらしく、クルタパジャマを着て揉んでもらった。

タイマッサージのいいところは、二人で行うヨガとも言われるくらいで、ストレッチと整体がところどころに入っているのだけれど、このおじさんはどうやらタイマッサージを習ってから4年しか経っていないらしく、しかも、先生はタイから来て教えてすぐに帰ってしまったというから、初心者がアフターフォローなしで、続けてしまった結果はこうなるのね！　という、悪い例だったかもしれない。

ストレッチや整体を施すからには、解剖学も少しくらい勉強しておいて欲しいのだけれど、相手の性質や限界など関係なく、習ったことをそのまま貫く姿勢に少々がっかり。

ヨガは全て自分の負荷で行うから、伸ばしすぎてもたかが知れているけれど、このおじさんが力任せに押したり引っ張ったりすると、タイミングもポイントもイマイチずれているから物凄く痛い。その痛さも、正しいツボを押されたり、引っ張られたりされたときと異なり、明らかに、皮膚が過剰に引っ張られて痛かったり、支点が違ったり、反らしすぎで痛かったりするから困ってしまう。しかも、腕にはかなり自信があると見えて、「違いがわかる？　関節が開いて楽になったでしょう？」とやたらと得意げだから面倒だ。

確かに違うけれど、楽になったんじゃなくて、股関節が痛くなってしまったよ！

恐らくマッサージも、好きでやっているというより、食べるために仕方なく始めたんだろうな。

「どうしてマッサージを始めたんですか？」

「ええと、ここで仕事するにはサービスが必要だったから」

ほーら、やっぱり。最後の思い出がこれじゃ、なんだかがっかりですよ。イマイチなマッサージに耐えて、笑顔で帰るという精神の修行にはなりましたが……。

マッサージを終えるとすぐに部屋へ帰りパッキングを。大して荷物もないのですぐに済んだけれど、問題は友人から送られてきた20冊にも及ぶ本の山。自分で持ってきた本もまだ数冊あるというのに、インド関連の本がこれでもかというくらい入っていた。送料はいったいいくらだったのだろう？

初めてインドに来た私にいろいろ伝えたかったのね、きっと。送った本人もバックパッカーだったのだから、こちらの状況くらいわかるはずなんだけれど……。

女ひとりで大量の本を持ち歩いては、せっかくアーユルヴェーダで健康になった身体を悪くしそうだったので、もったいないのは承知でホテルに寄贈することにした。あとから来る日本人のためにと言ってはみたものの、旅行に来る人って大抵たくさんの本を持ち込んでいるんだろうな。これらが読んでもらえるのはいつのことだろうか？

そういえば、今日はラム先生に会っていない。休みだったのだろうか？　お別れの言葉も言わずに帰るのは寂しいけれど、電車の時間が迫っている。仕方がない。レセプションで支払いを済ませて美しい女性スタッフに見送られながら車に乗り込むと、小さな女の子を連れたラム先生がレセプションに向かって歩いてきた。

「ああ、ちょっと待ってぇ！」と車から飛び降り、ラム先生に向かって駆け出した。

「ラム先生！」

「おお！　どこにいたの？　今日は全然見かけなかったから、会えないかと思ってたよ」

物凄く多くのことを教えてくれた人にかける言葉はほとんどなかった。心からの感謝を言葉にするのは不可能なのかもしれない。

「助けられました。ありがとうございました」

それだけ言って、あの静かで優しい眼差《まなざ》しに別れを告げた。

「家に帰っても練習を続けなさい」

その言葉をきっと忘れないだろう。海の幸は食べてしまうかもしれないけれど、ヨガの練習はきっと続けます。

ヒマラヤの山を下る車の中から、小さくなっていくホテルをずっと見つめていた。感傷的な気分に浸るには少々カーブがきつすぎたけれど、大きな仕事を終えて疲れていた心身を初めて休めることができたこの場所を離れるのは、勇気のいることだった。

急カーブが続く道をハリドワールへと急ぐ運転手さんは、こちらの気分などお構いなしで、次から次へと車を追い抜こうとする。

電車に間に合わせようとしてくれるのは嬉しいのだけれど、山道を猛スピードで走られるのは大変恐ろしいものだ。目の前の、石油を載せたタンクローリーまで無理やり追い抜こうと接近するからたちが悪い。ましてやインドの山道にはガードレールもなければ、野生の猿や牛がうろついているし、先日の大雨による土砂崩れの跡もいくつかあって、ハリドワールにたどり着く前に死んでしまうのではないかと不安になった。

街へ出れば、クラクションを鳴らしっぱなしで対向車線を走る、走る！　追い越した車の数は50台くらいだろうか？　中には石ころを積んだトラックや牛を積んだトラックがあり、万が一接触したら、フロントガラスを割って石や牛が飛び込んでくるんじゃないかと心配になった。側道を行く自転車もこちらの運転手さんも、互いにスピードを緩めもしなければ軌道も変えないので、すれすれ10センチで通り過ぎることなんてしょっちゅうだった！

ヒマラヤの静けさに比べて街には所狭しと店やバラックが並び、路上生活者が溢れる市民の暮らしぶりがあった。50メートルくらいの間に20軒くらいの食堂があり、みんな一様に店先に鍋を並べていたのだけれど、あれで商売が成り立っているのだろうか？　と要らぬ心配までして疲れてしまった。

インドに来てヴァラナスィへ初めて行ったときよりも、今日のほうが、人々の日常生活がショッキングに見える。

家に水道がないのか、公共の水道で水を飲む子供。バケツをひっくり返したようなスコールの中を傘もささずにゆく人々。四隅に棒で柱を立て、黒いビニールを屋根代わりに張っただけの家で寝転ぶ家族。歩道で煮炊きをする母親。牛！　牛！　牛！　人！　人！　人！　時々豚、ヤギ。

ああ、戻れるものなら戻りたい、山の中へ。やっぱり美しい自然のほうが好きだ。そして清潔なほうが好きだ。

ハリドワールがだんだん近づいてくると、オレンジさんが増えてくる。オレンジ色の僧衣を着ていると一生懸命神に仕えているひとに見えるけれど、きっとにわかオレンジさんもたくさんいるんだろうな。

日本だって、四国で白装束を着てお遍路さんをする人がみんな熱心な仏教徒っていうわけでもないしね。四国にお遍路さんに行ったものの、張りきりすぎて膝を故障し、道半ばでオーベルジュに宿泊して贅沢三昧をした知人もいたっけ！

そうこうするうちに、安宿が並ぶ駅前の街を通り過ぎ、2週間前に電車でたどり着いたハリドワール駅に着いた。

駅でお馴染みの赤いシャツをきたポーターさんに荷物を任せ、ホームへ入った。ラグマットを敷いて家族で寝転がっている人がたくさんいる。それは半ば駅に住んでいる人だったり、自分の電車を待つ人だったりいろいろだけれど、この暑いのに狭い空間で家族がぴったりくっついて寝転がっているのはスゴイ。

そういえば、アナンダに泊まっている間、全てが清潔で手入れが行き届いた部屋なのに、私のキャリーケースだけが異臭を放っていたけれど、この駅は、私の荷物と同じ臭いがする。うん、インドの臭いだ。屎尿と汗と食べ物と埃と全部混じったような変な臭い。ああ、臭い。久しぶりにこの臭さの中に立ってみるとやっぱり、口で息をしたくなる。まあ、10分もいれば慣れてしまうけどね。

それにしても、向かいのホームに見えるのは3等車だろうか？　人でごった返している。通路にもびっしり座っているし、荷台に乗っている人もたくさんいる。日本の新幹線で自由席の荷台に人が乗っている姿は見たことがないけれど、やむを得ない場合はああすればいいのね！　インドの多くの人々は物質的に豊かでない分、生きていくための知恵をたくさん持っている。贅沢で軟弱な私には眩しいほどだ。

ハリドワール駅で物乞いに来たのは、足にハンディキャップを抱えた青年ひとりだけだった。細い足をひきずってハイハイをしながら、無言で手を差し出すので、謹んで10ルピーを差し上げた。アグラーの子供たちと違って、深く頭を下げてお礼をする姿は本心のようでもあり、生きるための術として演じているようでもあり、その逞《たくま》しさには感心してしまう。

18：10発のShatabdhi Expressは定刻どおり出発した。エアコン車両の各座席の壁側には、更に扇風機のスイッチがついており、その上、携帯電話やパソコン用のコンセントまでついていて、車両は古いながらもサービスはいい。走りだしてすぐに、例のごとくミネラルウォーターと紙コップが配られ（手にはディスポーザル手袋をしていて、清潔感をアピールしていた）、サモサなどのスナックと紅茶のティーバッグ、お湯の入ったポットがそれに続く。

ここまででも新幹線より優れたサービスなのに、次にやってきたのは、細かく切って茹でたインゲンとニンジンの入ったカップにスプーン。そのカップには、後からやってきた男性がスープを注いでくれた。電車でいただくスープにしては熱々でずいぶんおいしいものでした。

メインは、ベジタリアンかノンベジタリアンを選択できるだけでなく、インド料理か中華料理かも選べるという、つまりは四択。デザートにはアイスクリームも配られた。940ルピーでこれだけのサービスとは、相当頑張っていると思う。インドの鉄道会社は偉い！

10：45にデリーに着いて、迎えに来てくれたチャトルヴェティーさんの車に乗り込んだ。チャトルヴェティーさんは、グプタさんが紹介してくれたインドの旅行会社の社長さんだ。長旅で疲れた身体にデリー中に響き渡るほどの大きな声と、絶え間なく吸うたばこはこたえたけれど、今回泊まるホテルもチャトルヴェティーさんの会社を通すと30パーセントオフになるらしい。なんてありがたいことだろう。

かつて人気のあったアショカホテルは政府系ホテルとのことで、1階のバーやショップの趣味の悪さは仕方がない。部屋も30パーセントオフでようやく適正価格といったところだろうか？

紛失したパスポートの再発行手続きをする都合上、日本大使館の近くのこのホテルにしたのだった。

ああ、疲れた。もう寝よう。

8月23日　インドを見るのに3ヶ月、インドを知るのに3年

朝起きてから自室にてヨガの練習。先生の声がないとついつい楽をしてしまうのが私の性《さが》で、30分で終了。

今日はパスポート再発行の手続きを行うため、写真を撮りに行くことになっている。インドで化粧をすることになるなんて思ってもみなかったけれど、かろうじてファンデーションだけは持ってきていたので、申し訳程度に塗ってみた。

連れていかれた写真館は、6畳ほどの小さな店と、同じく6畳ほどのスタジオスペースが軒を並べており、そのこぢんまりとした風情には似つかわしくないデジタルカメラでの撮影だった。カメラマンらしいアーティスト性というよりは、商売で一応やってますという感じのお兄さんが撮ってくれたその写真は、実物よりも数段綺麗に写っていた。デジタルカメラって、明るさを調節できるのね、きっと！

日本大使館へ行くと、ビザ申請のためのインド人がたくさん並んでいた。何時間も待たされたり、書類が足りないといって何日もかかることを想定していたのだけれど、幸い日本人スタッフが待合室を通りかかったので、パスポートを紛失した旨を話すと、

迅速かつ丁寧に対応してくれた。

手元にあった警察への被害届と、アナンダでもらったパスポートとビザのコピーも功を奏して翌日には再発行が可能だという。助かった！　これで、万が一事故に遭っても、事件に巻き込まれても、私が日本人だと証明できる。後で聞いたところによると、チャトルヴェティーさんは、この日本人スタッフに会ったことがあるという。


大学を卒業したばかりの日本人の男の子が、憧れのインドへやってきました。他の若者と同じようにバックパックひとつで、『地球の歩き方』を片手にあちらこちらと旅をしたことでしょう。旅も初めのうちはスリリングで、馴染みのない風景と文化に圧倒されて、毎日が目まぐるしく過ぎていくものです。

しかし、しばらくすると、見知らぬ国にひとりでい続けることが寂しくなってきたのでしょう。彼は同じ日本人の仲間をみつけました。観光地を巡るのも少し疲れた頃だったので、彼より旅の知識をたくさん持った仲間たちと交わることで、ほっとしました。おまけに、「インドではみんなやってるよ！　政府公認の店もあるくらいだから」という誘いに乗って1回限りのつもりで麻薬に手を出してみると、生まれて初めて味わった快感に心が躍りました。インドに行って人生が変わったとは、このことを指すのだと実感しました。

あくる日も同じ仲間たちと麻薬にふけり、とうとう旅の間中彼らと行動を共にし、帰り際には全員ぶんの麻薬を持って帰る役目を引き受けました。

「インドの出国審査は甘いから大丈夫だよ！　西洋人もみんなやってるから」

そういう仲間の屈託のない笑顔にそそのかされて、軽い気持ちでお腹に隠した麻薬が見つかるとは思ってもみませんでした。

ところが、セキュリティーチェックの際に、細い身体に似つかわしくない出っ張ったお腹を審査官が不審に思い、調べてみると、1キロもの麻薬はいとも簡単に見つかってしまったのでした。初めてのインド旅行で、罪の意識もないまま持ち帰ろうとした快楽の種が一瞬にして、彼を不幸に陥れました。当然のことながら警察に拘留され、どうなるかもわからぬ運命をただ待っているのだといいます。

愚かな息子の行いに胸を痛めた両親は来たるべき裁判に備えて最高の弁護士をつけたそうですが、何しろ1キロもの麻薬を持っていたわけですから、事は簡単ではないでしょう。インドでは万が一有罪になった場合、10年もの間服役しなければならないのです。「ミッドナイト・エクスプレス」のような悪夢が彼を待っているのでしょうか？

チャトルヴェティーさんが実際に関わっている案件だった。無分別で軽はずみな行動を起こしたことがあだとなって、恐ろしい結果を引き起こしてしまった彼の境遇を哀れむほかないけれど、実際世の中にはそんなに麻薬がはびこっているものなのかしら？　お酒じゃ足りないのかしら？　麻薬しか知らない人が気の毒で仕方がない。だって、ちょっと瞑想するだけでいい気分になれるのに。ああ、もし、瞑想より麻薬のほうがいいものだったらごめんなさい。比べようがないもの。

パスポートの再発行が滞りなく行われれば、25日にはデリーを出発して、次の場所へ行きたい。チャトルヴェティーさんの事務所にお邪魔して、そのプランを練ることになった。小さな商店街の中の小さな事務所には、社長のチャトルヴェティーさんを含む3人が勤務しており、格安で旅の手配をしてくれる。向かいの店からチャイや、熱々のサモサを買ってきてくれたので、ありがたくいただきながら、ああでもないこうでもないと話し合った。

こうして旅程を考えるたびにグプタさんの言葉を思い出す。

「インドを全部見るのに3ヶ月。インドを全部知るのに3年かかると言われていいます」

今回の旅で北部インドを大まかに網羅するには、ブッダガヤーをはじめとする仏跡巡りも考えてみたけれど、それならヴァラナスィに行った際に回れば効率がよかったわけで、時間も旅費ももったいない。ならば、残された2週間のうち10日間ほどで、北インドのハイライトといわれているラジャスターンをメインに回り、あとの3日ほどで山岳地帯のどこかに行こうかという話になった。

友人は、亡命チベット政府の拠点であるダラムシャーラーに行けと言っていた。たしかにダラムシャーラーにも興味はある。チベットのお坊さんのチャントは好きだったのでよくCDを聴いているし、ジンガロの日本公演でも、チベットギュトゥー派のお坊さんたちが生でチャントを聴かせてくれて、それはそれは素敵だったけれど、同じチベット文化でも、レー、ラダックに行ってみようか？　うん、そうしよう。まず11日間かけてラジャスターンを車で周遊し、デリーに戻って飛行機でレーへ飛ぶことにした。

こうして話す間にも、事務所のスタッフが近所の食堂から食事を運んでくれて、チャトルヴェティーさんに勧められるままにほうれん草や、レンズ豆、ジャガイモとカリフラワーなどのカレーをチャパティーと一緒に食べた。あばら家の食堂でも味はおいしいのは、どこの国も同じなのだった。

今後の旅程でも、ホテルの値段をずいぶんとディスカウントしてくれて、彼の儲けはどこにあるんだろうと心配していると、「私の1ヶ月のサラリーは、あなたの4泊分のホテル代よりちょっと高いくらいです」と言う。ええ？　社長なのに？

「私のポリシーは、絶対にお客様を騙さないことです。一度騙したら、再び同じお客様は来ないけど、正直に仕事すれば、もう1度、2度、3度、来てくれます。友達にも話してくれます。今回はサービスしますから、ミキさんもまた次に来るとき、私の会社を使ってください。友達にも紹介してください」

言葉どおり、チャトルヴェティーさんが信頼に値する人でありますように！

1日を雑務に費やしてしまったけれど、夕方になって、運転手のマンシンさんと一緒に観光をすることにした。観光嫌いの観光なので、大して見たいところもないのだけれど、ガンジー記念館はなんとなく行ってみようかなという感じだった。

閉館まで15分しかなかったので、詳しい解説まで読むにはいたらなかったけれど、1948年にガンジーが狙撃されたときに着ていたという血痕つきのドティーや、体内から検出された銃弾、持っていた懐中時計などが展示してあるのを見ると、ガンジーに対して特別な思い入れなどないのに、妙に感傷的な気分になってしまった。

立派な人だったのかもしれないけれど、結局なんでもない平凡な人生が一番幸せなんじゃないかと思える。ガンジーなら自らの命を仕留めるための銃弾すら大きな心で受け入れたかもしれないけれどね。

雑多なチャンドニーチョーク通りを通り抜け、更に奥へ奥へと入っていったところに、イスラム教のモスク、ジャマーマスジットはあった。

持っていたストールで腕を隠すように言われ、ゴムぞうりを脱ぐと、親切なおじさんが、「パー、パー、パ、パー」と何やら音を発しながらジェスチャーで案内してくれた。「時間が来ると、コーランを詠唱するんですよ。そうすると、実に大勢の人々が、メッカの方向に向かって並び、頭を低くして祈るのですよ」というような内容だったと思う。

裸足で入ったのに、敷地内は鳩の糞だらけで、避けて通るのにひと苦労した。中東戦争の映像でよく見た黒いブルカの女性もたくさんいる。中庭に据えられた泉では人々が口や手を清めているけれど、どう見ても水はきれいとは言えない。

さて、ひととおり見終わったところで、お礼を言って帰ろうとすると、案内をしてくれたおじさんが笑顔で「チップを払え」というジェスチャーをする。ただの親切なおじさんだと勘違いしていた私は少々恥ずかしくなった。

10ルピーを渡すと、「50ルピーだ」と笑顔で言う。大した説明をするわけでもなく、

「パー、パー、パ、パー」と言うだけで50ルピーは高すぎやしないかい？　30ルピーにしようと腹巻状の財布を見ると、１００ルピー紙幣しかなかった。70ルピーのお釣りをくれと言って渡すと、50ルピーしか返してくれない。お願いだから返してくれと粘っても案内料は50ルピーだと言い張る。

しかも、終始笑顔だからまたたちが悪い。それでも、あと20ルピーをめぐって問答していると、近くに居合わせたおじいさんが、「50ルピーは取りすぎだ！　20ルピー返しなさい」と促してくれたお陰で、パーパーおじさんも諦めて20ルピーを返してくれた。

まあ、日本円に換算すると60円ちょっとのことなのだけれど、顧客満足度とか、少しは考えて商売してほしいなと思ったので。完璧な説明だったら70ルピー払ってもよかったのよ、パーパーおじさん！

工業製品のパーツ屋や肉屋が並ぶイスラム教区を抜けると、ホテルへ向かってもらった。特に何もしていないのに、やはりインドの街は疲れる。無防備にボケーッとしていられる海辺のリゾートが恋しくもなる。

アショカホテル内に素敵な韓国料理屋さんを発見。清潔な店内では感じのいい韓国マダムが待っていた。プルコギとかサムゲタンなどの肉料理ももちろんあるけれど、ベジタリアンのビビンバや、チャプチェの用意もあった。なんでもない軽いものが食べたくて、韓国風の煮麺を頼んで大正解。おかずには、三つ葉のナムル、もやしのナムル、揚げたレンコンの甘辛和え、キムチ、ピーナツの炒り煮、煮卵（これはパス）がついて、メインの煮麺は、薄味のクリアなスープに海苔や野菜が入っていて、さっぱりとおいしいものだった。

カレーとチャパティーにもそろそろ飽きてきたので、まるでこの店が砂漠の中のオアシスのように思えた。店にはマダムの娘らしき小学生の女の子がうろちょろしており、声をかけると、あの年頃の子にありがちな、気のない素振りをするのだけれど、あの手この手で話しかけると、少しだけ答えるようになった。インドにも韓国人学校があるのかしら？

「フランス系の学校に行ってるの」

じゃあ、フランス語も韓国語も話せるんだ。

「英語とメキシコ語も話せるよ。あと、エジプト語もちょっと。読むだけならイタリア語もできるかも」

さすが教育熱心な韓国人の、しかも教育熱心なインド育ち。韓国へ帰りたいと思わないのかしら？

「うん、思うけど、でも韓国が嫌いな理由がひとつだけあるの。最近はね、韓国でもハンバーガーやポテトフライが流行《はや》っていて、人々はそういうものを食べるから、太り始めてるんだよね」

そうか、お母さんは細くて綺麗でおしゃれだもんね。ファーストフードを食べている人が嫌なのも仕方ないね。そういえば、インドではあまりマクドナルドを見かけない。

もちろん多少はあるのだろうけれど、日本に比べたら少ないほうだ。ビーフを食べる人が少ないからだろうか？　いよいよ話が盛り上がり始めたところで、剃髪《ていはつ》した韓国人の尼さんが入ってくると、パク・チェヨンちゃんはクルリと踵を返してその尼さんのほうへと近づいていった。

6年もの間、インドの大学で仏教を勉強しているという方だった。その前には8年間スリランカにいたという。この店のマダムとは親しいらしく、恐らく自国の食べ物しか受けつけない韓国人の性質上、週のほとんどをこの店で過ごしているのだろう。パク・チェヨンちゃんも近所のおばちゃん的になついているようだった。

それにしても、韓国人なのに、インドで育ち、学校ではフランス語と英語を話しているパク・チェヨンちゃんのアイデンティティーは、どうなっちゃうのかしら？　ゆきずりの他人のことなど心配しているゆとりもないくせに、ついそんなことを思ってしまった。

　インドには仕事の疲れを癒しに来たはずだったのに、毎日何かしら考えさせられて、どうも疲れる。やっぱり海辺のリゾートへ行きたいなあ。

8月24日　今夜も店に来る？

チャトルヴェティーさんとともに日本大使館へ向かい、新しいパスポートを受け取ることができた。来年期限切れになる予定のパスポートが更新できたので、紛失したことも悪くはなかったのだと思っていたら、なんと、在外公館での再発行分は、更新ではなくて、あくまでも今までのパスポートの代替品だそうで、当初の期限どおりに失効するという。

大使館には尋ね人のコーナーが設けてあり、一人旅をしていてガンジス河遊泳中に行方不明になった男性や、アジア一帯を旅して、アシュラムを渡り歩くうちに消えてしまった男性など、写真とともに、身体的特徴や、人柄などが書いてあり、家族の悲痛な叫びが聞こえてくるようだった。

中には「サイババに興味があったようです」なんて書いてある人もいて、『ビルマの竪琴』の水島上等兵のように、過去を断ち切ってこちらに住み着いているのだと家族は信じているようだった。どうか、ここに私の写真が張り出されることがありませんように、と心の中で祈った。

「私もサイババに会いに行ったことありますよ」

ええ？　チャトルヴェティーさんはサイババの信者だったの？

「そうじゃなくて、お客様と一緒に行きました。一緒にお祈りするフリをしましたけど、私は信じません。あれはマジックですよ」

サイババが手のひらから出すビブーティーのことかしら？　チャトルヴェティーさんもサイババと話したの？

「そうですよ。サイババはお金持ちがすぐにわかるね。お金持ちを見つけると、ちょっとこっち来てって、インタビューに連れていきます」

ふーん。寄付を促すっていうことなのかしら？

「まあ、そういうことですよ」

サイババが本物だろうが、そうでなかろうが、私にはどちらでもいい。それで、救われる人がいるなら結構だし（プラシーボ反応のようにね）、信じなくても構わないと思う。ちょっと見てみたい気もするけれど！

パスポート紛失とともにインドのビザも失ったので、外国人旅券管理課へ出国許可証を申請に行く。これがまた、インド人のチャトルヴェティーさんにすらわかりづらい場所にあり、中央省庁が集まった敷地内をグルグルと回り、無駄な列に並んでは

「ここじゃない。あっちに行って」と言われたり、足りない書類を記入したりと、大仕事になってしまった。

　順番を待つ間、新聞をめくっていると、日本人の男性がオーストラリアから天然記念物の爬虫類を持ち出そうとして捕まったというニュースが載っていた。カラーページに掲載された写真には、ずいぶんとカラフルな蛇やイグアナ、そのほかにも見たこともないような生物が写っていて、こんなものがスーツケースから見つかったら、係官もたまげるだろうなという代物だった。

　予想される最高刑は、1000万円相当の罰金か、10年の服役だという。麻薬のためにインドで服役するのと、爬虫類密輸のためにオーストラリアで服役するのと、どちらが情けないのだろう？　どちらも10年間もかけて反省するほどの重みを感じていないだろうから、余計に辛いだろうなあ。同室の殺人犯か誰かに罪状を聞かれても、「イグアナ密輸」とは答えにくいだろうに。チャトルヴェティーさんと大笑いをするうちに2時間で全ての作業が終了したのは、幸運だったのかもしれない。

　事務所で昼食を食べようというチャトルヴェティーさんの誘いを丁重にお断りして、ひとりでこっそり日本料理店に入った。インド人は日本料理が苦手らしい。「味がちょっと違います」とチャトルヴェティーさんも言っていた。味が違うのは当然なのだけれど、好みに合わないのだろう。

20日ぶりに日本食のメニューを見て、ベジタリアンメニューの少なさに驚いた。しらすおろしとか、筑前煮とか、ほとんどのメニューに魚介や動物が入っている。それでも選《え》りすぐって、もずく酢、焼きナス、オクラ納豆、揚げ出し豆腐、ごはんとお味噌汁という、にわか不殺生メニューを頼んだ。どのみち出汁には鰹節《かつおぶし》を使っているのだろうから魚くらい食べてもよかったのだけれど、ちょっとでも掟《おきて》を破るとなし崩しになるからね、だらしない人間は。

やはり、何がおいしかったって、オクラ納豆と一緒に食べたごはんとお味噌汁だった。インドの高級米といわれるバスマティ米も、まるでおいしくなかったので、炊き方には少々難があるものの、日本米を食べられたのは、心の底から嬉しかった。

食後タクシーに乗ってホテルへ帰ると「150ルピー」と言われた。往路は91ルピーだったのに、またしても帰りの料金が増えている。しかもメーターはなかった。

「150ルピーですって？」

「そうだ、150ルピーだ」

頑として譲らないので、「何で行きのタクシーが91ルピーなのに帰りが150ルピーになるの？　警察に言いますよ。騙さないでください！」と睨みつけると、「わかった、わかった、君の言うとおりでいいよ。騙すつもりなんかなかったんだよ」とインチキ運転手が折れた。

「多くのインド人はいい人たちですが、ほんのひと握りの悪い人たちによって、インドのイメージに傷がつくんですよね」

と誰もが口を揃えて言う。

日本料理店で食べたものだけではどうも物足りなくて、ホテルのロビーに座ってサモサと紅茶を頼んだ。すると「あなたは一人で旅行しているの？」と青年が声をかけてきた。ショッピングアーケードの勧誘か、友達のフリをして金品を奪い取る詐欺か、ただのナンパかよくわからず、聞こえないフリをしていると、「昨日うちの店で食事したでしょう？」と言う。よく見ると見覚えのある顔だった。

「僕は韓国料理店で働いているんだよ。あなたが昨日どこの出身かって聞くから、ネパールだった答えたじゃない。それで、あなたが、カトマンドゥーに行ってみたいって言ったでしょう？　今あなたが通りかかったのを見て、すぐにわかったよ。昨日店に来た人だって。今、僕は休憩時間なんだ」

ひどくなまりのある聞き取りづらい英語で話す姿は、こちらを騙すほどのテクニックを持ち合わせているようには見えなかった。ネパールから2ヶ月前に来たばかりだというジェラムくんは、「キザンで働きたいんだ」と言う。キ ザン？　キザン？　キザン？　ああ、キッチン！　インドで料理を勉強したいのだという。

「本当は大学で勉強してたんだけど、挫折してこっちへ来たんだ」

タムラという有名な日本料理店が、インドにもネパールにもあるらしく、そこで働こうか、中華料理店のキザンで働こうか迷っているうちに、アショカホテルの中の韓国料理店で働き口を見つけたという。

「コックになりたいのに、なんでフロアの仕事をしているのかって聞かれるけど、キザンの中にいたら英語の発音を覚えないからね。読解と筆記は大丈夫なんだけど、しゃべるのはどうしても苦手なんだ。え？　キッチン？　ほら、僕が机の上で勉強してキザンと覚えていたのを、今あなたがキッチンって直してくれたでしょう？　こうやって、少しずつでも進歩しないとね」

サモサや紅茶を勧めたけれど、何もいらないという。

「あなたはフランクだね」

自分のことをフランクだなんて思ったことは一度もないけれど、彼がそう言うのなら、今はそう見えているのだろう。

「あなたは店のマダムと話していたでしょう？　マダムの娘とも話していた。僕にも話しかけてくれた。だから覚えているんだ」

　こちらに友達はいないのだろうか？

「うん、インドで友達を見つけるのは難しいよ。僕が言いたいことを理解してくれる人はあまりいないからね。ぼくより知識のある人は僕の言わんとすることを理解してくれるけれど、僕より知識の幅が狭い人は、なかなか理解してくれない」

　ごめんなさいね、私知識がないからあなたのことを理解してあげられなくて。

「ほら、また誤解されちゃった。あなたのことを言ってるんじゃないよ。知識というのは、広い視野でものを見る心というか、豊かな経験というか、単なる学問のことじゃないんだよ。例えば、僕は自分の大学で一番の成績だったこともあるんだ。政治や経済を学んでたのに、今はインドの韓国料理店で働いている。人々はそのことに理解を示そうとしないよ」

　インドでお店を開くつもりなのだろうか？

「違うんだ。僕は完全に夢に敗れたんだ。本来なら、僕の親友と同じように学位を取って、勅許会計士になるはずだったんだ。でも様々な事情が降りかかってきて、成績が落ちて、挫折したんだ。みんなびっくりしていたよ。まさか挫折するなんて誰も思っていなかったから。人が夢に敗れるとどうなると思う？　コントロールを失うんだ。

毎日、どうしてだろう？　って自分を責めるようになる。弱い人間は自殺することだってあるよ。特に僕の親友は夢を実現しつつあるからね。そういう姿を見るのはとても辛かった。僕は過去の夢を諦めて、その代わりに新しい夢で満足しなくちゃいけないんだ。だから、ネパールを離れるべきだったんだ。今は少しずつ新しい夢に向かって進もうという気持ちになってきた」

まだ21歳だという。

「あなたはまだまだこれからじゃない。何もそんなに焦《あせ》る必要はないでしょう？　何度でも失敗して、それから本当の夢を見つければいいじゃない」

「でもね、人は現状に満足することが難しいんだ。自分の置かれた状況を受け入れられなかったら、それは幸せじゃないよね。だから今は、満足しようとしているよ。家族や友達に会わなければ、新しい夢で十分生きていけそうだ。でも、この国で友達を作るのは本当に難しいね。母国語では友人を喜ばせるようなことを言えるし、もっと深く話せるけど、話し慣れない外国語じゃ、自分の意図が伝わらなくて、冗談のひとつも言えないからね」

初めはかなり警戒していたのに、いつの間にかこの孤独な青年の姉になった気分で話を聞いていた。

「ねえ知ってる？　ネパールは貧しい国なんだけど、個人の平均年間所得が4000ドルくらいかな？　ああ、やっぱり知らないんだ。ネパールのこと何にも知らないんだね。カトマンドゥーに行きたいって言ってたくせに。日本は失業者が一番少ないんだよね、外国人に労働ビザを出さないから」

そう、かもしれない。

「ええ？　そんなことも知らないの？　僕はそう習ったけど。個人の平均年収も3万5000ドルくらいあるんでしょう？」

そう、かもしれない。

「それで、貧しいネパールの国を最も助けているのが日本なんだ。それももしかして知らないの？」

うん、知らない。でもね、なんで日本がネパールに資金援助するかわかる？　私が思うに、結局そのお金で日本の製品をたくさん買わせているんだよ。農耕器具とか、軍事品のパーツとか。たぶんね。

「ポジェシングポワーもないのにどうやって買うの？」

ポ、ポジェシングポワー？　デイパックの底に眠っていた電子辞書を取り出して、入力してもらうと、「Purchasing power：購買力」と出てきた。恥ずかしながら私はこの英熟語を初めて聞いた。本当はこの子はもっと勉強を続けたかったのだろう。発音はともあれ、少なくとも私の拙《つたな》い日本語力と、同じく拙い英語力を足した10倍ぐらいは、英語のボキャブラリーを蓄えていそうだった。

「これから、日本語か中国語を勉強しようと思ってるんだ」

まずは英語の発音を直したほうがよさそうだが。

「うん、よくわかってる。でも、ほらこうして、ポジェシングポワーが、パーチェイスィングパワーだって教えてくれたじゃない？　今の仕事も、外国からのお客さんと接する機会が多いからね、少しずつ覚えていくよ。で、いつカトマンドゥーに行くの？」

まだわからない。時期が来たらね。

「ネパールは、今政治情勢があまりよくないからね。パイティンがあるんだ」

パイティン？

「コンクリート、パイティン。こんな言葉も知らないの？　何にも知らないんだね」

うん、知らない。また電子辞書を差し出した。ああ、ファイティングのことか！　さては韓国人の発音を拾ったな！　コンクリートはConflictの聞き間違えだった。

「現政権と、対抗勢力の毛沢東主義が真っぷたつに分かれていてね」

武装しているのだろうか？

「もちろん政府は軍を持っているけど、毛沢東派も自発的な軍を持ってる」

武器はどうするのだろうか？

「近隣諸国から買ってるよ。中国とかインドとか。ネパールは、立憲君主制だけど、完全な民主主義ではないんだ。あ、わかる？　民主主義？」

さすがにデモクラシーくらいはわかるよ。

「王様が自分の好きなことを言って、民衆をその法に従わせてるだけなんだ。自由はないね。うん、自由がないんだ」

ジェラムくんの将来がどうなるかは全くもって予想がつかないけれど、どうか、自分の道を見つけることができますように！

「今夜も店に来る？」

そうだね。マダムの娘にも会いたいし、旅に出る前に、ビビンバでも食べるかな。

8月25日　ラジャスターン周遊を決行！

いよいよラジャスターンへ出発する。

昼前にホテルをチェックアウトして、スケジュールの詳細を確認するためチャトルヴェティーさんの事務所へ立ち寄る。

マンダワ、ビカネール、ジャイサルメール、クンバルガル、ジョードプール、ウダイプール、ジャイプールを11日間で回るハードなスケジュールは、「去年56歳の女性でも平気だったんだから、ミキちゃんならもっと大丈夫！」と、チャトルヴェティーさんお勧めの必見スポットを組み込んだものだった。

2週間以上に及ぶ長い海外旅行は久しぶりだったため、というよりインドそのものに疲れてきて、すでに自宅が恋しくもなってきた頃に、この大冒険は少々キツイ。だが、地図を広げれば、私がこの国で見たものなど微々たるもので、インドのイの字にも達していないことは一目瞭然だ。日本ですら知らない土地だらけだというのに、関係ないインドの隅々をもっと見てみたいと、ラジャスターン周遊を決行することにしたのだった。

それにしてもこんなに移動ばかりの旅は生まれて初めてなので、途中で嫌になってしまう可能性は大いにある。できることなら、1箇所でのんびりしていたい。幸い、同行してくれるドライバーのマンシンさんはおとなしくて優しそうな人だから、11日間の旅で顔を見るのも嫌いになることはなさそうだ。

そして、かなり値引きをしてくれたのだけれど、あいにく現金の持ち合わせがなく、クレジットカードでは手数料がもったいないからと言って、「もう、お互いに信用しますから、支払いは後でいいですよ。とりあえず行ってらっしゃい！」と1ルピーも払わぬまま送り出されてしまった。

実はインドで疲れる理由のひとつに、車の乗り心地の悪さがある。日本車のようにサスペンションが利いていないので、ほんの少しの揺れもダイレクトに身体に伝わって、視界がいつも揺れるのだ。人、車、オートリキシャ、バイク、自転車、牛、豚、犬、そして狭い範囲に密集した店と、情報量が多いうえに悪路で常に揺れるから、目が回って仕方がない。

それでもアンバサダークラシックはこちらの高級車にあたり、1940年代の車のように、見た目はとてもかわいらしい。乗り心地はさておき、夫の赴任先で旅をしているマダムのような気分にさせてくれる。

デリーを出てしばらくは、都市の新しい建物と、貧しい人々のバラックが入り混じって雑多な感じが続いたけれど、いつしか国道沿いの風景が小さくてのんびりした村に変わり始めた。車やオートリキシャの量が減り、代わりに水牛の群れやヤギ、羊の群れが堂々と車道を歩くのを幾たびも見かけるようになる。ロバや馬よりも、圧倒的にラクダの数のほうが多くなり、重そうな荷物の入った荷車を引いているのは大抵ラクダであった。しかも、ラクダまで放し飼いで道の真ん中を悠々と歩いていることもあるから、たまげてしまう。

インドの人々にとって、家作りには欠かせないレンガを焼く窯も点在していた。沿道の家々には必ず木が植えてあり、大木の木陰には水を入れた甕《かめ》が置いてある。まだ若い木の周りには、木陰ができるほど大きく育つまでの間、牛や車から幹を守るためにレンガで囲いをしてある。そのレンガの囲いも1軒や2軒の話ではなくて、いたるところにある。この暑さでは、木陰があるのとないのとでは生死に関わる問題かもしれない。

デリーに比べて、サリーを頭から被っている女性が遥かに多いのも、この暑さと関係あるのだろう。2時間くらい走った頃、ハリアナ州のレストランで昼食を食べる。旅マンシンさんはなぜか私のテーブルにはつかず、見えない席へと行ってしまった。旅行客と適切な距離を保とうとしているのか、食事代を払わせてはいけないという配慮なのか、いずれにしてもかなり気を遣ってくれているらしい。

朝食にインド料理を食べたばかりだったので、中華の焼きそばを頼んでみた。しかし、幾たびの失敗と同じように、全くおいしくなかった。それでも、ストリートチルドレンよりは恵まれているのだと言い聞かせて、一生懸命食べた。ピーマンとキャベツしか入っていない、おいしくもない焼きそばに75ルピーは、ちょっと高い気もするけれど……。

マンダワへは、行けども行けどもたどり着かない。荒野にかろうじて牧草や木が生えている地帯を通り過ぎ、レンガ用にかなりの広さで土を掘り起こしたため地盤が陥没している風景をながめたり、小さな村では人々の暮らす家を覗かせてもらったりしながら進んだ。

家々は、レンガで造られ、さらに土やペンキで塗り固められているのだけれど、レンガの積み方もいい加減なもので、塀の高さが凸凹《でこぼこ》だったりするのが微笑ましい。中にはいると数家族が共に暮らしていることもあり、小さな中庭は、居間、キッチン、納屋、時には寝室を兼ねており、牛が繋がれているすぐ横に、おさんどんをする女性がいたり、洗濯物のすぐ脇に人が寝転んでいたりする。

簡素な建物の中を彩る女性たちのサリーは鮮やかで美しく、強い日差しと乾いた空気によく映えるものだった。子供たちは外国人の突然の来訪に沸き立ち、近所からもどんどんひとが訪ねてきては「家も見に来て！　写真とって！」と大騒ぎになった。

沿道に共同水道があったので、各家に水道がないのかと思いきや、庭から生えているホースが水道のようで、日本のように、キッチンにも洗面所にもお風呂にもトイレにもというわけにはいかないらしいが、この小さな村にも便利な暮らしが広まりつつあるようだった。

「今日はここに泊まるの？」と、マンシンに言われた。先は長いのでいつまでも油を売っているわけにもいかず、車に乗り込んだ。

ところどころで市場に出くわすと、女性たちの衣装の華やかなこと！　他の地域では、1枚の反物を全身に巻きつけたものをサリーと称して着ているけれど、この地方の女性たちは、深緑やブルーや紫のコットンスカートに、ペパーミントグリーンやピンクベージュのシャツを着て、赤やオレンジのシフォンにミラーや金糸銀糸を縫いつけた大判のストールの端をちょっとだけスカートに引っ掛け、残りを頭から被っている。頭に荷物を載せて歩くたびに風になびくストールは、大変優雅で美しい！

デリーを出発してから約7時間、マンシンの安全で優しい運転による今日の旅は、小さな町、マンダワに着いて終了した。

シルクロードを伝って、スパイスやシルク、アヘンなどを取引していた商人たちにとって、マンダワを含むシェカワティー地方は関税率が低く、砂漠の地方にありながら豊かな水資源を蓄えていたので、貴重な拠点になったという。そうした豪商たちが建てた豪奢《ごうしゃ》な家々ハーヴェリーが、今でもたくさん残っており、プチホテルになっていたり、観光客に開放していたりする。

宿泊はホテルキャッスルマンダワという、マハラジャの宮殿を改装したプチホテルだ。

1755年に建てられた宮殿は、シェカワティー地方特有のムガル建築（イスラム様式）に、ヒンドゥー様式のフレスコ画が施されたもので、外壁はシンプルなのに、中に入ると、ところどころに18世紀当時のカラフルな色彩が残っている。

漆喰《しっくい》の上にアカシアの木やラピスラズリなど天然の顔料だけで描かれたフレスコ画は、日光や風雨に弱いらしく、修復をしたものこそ綺麗な色彩を放っているけれど、オリジナルの多くは、剥がれ落ちたり、黒ずんだりしてしまっている。

イスラム建築に、シヴァ神やガネーシャの画が描かれているのは不思議な気もするけれど、18世紀当時は、イスラム教徒とヒンドゥー教徒が共にひとつの建物の建築に関わっており、豪商たちがその富を誇示するためにありとあらゆる技術をごちゃ混ぜにして造らせたのだろう。

小さな田舎町のマハラジャゆえ、宮殿も小さくてかわいらしい。いくつもの中庭を挟んで回廊式に建てられており、私の部屋は、セカンドコートヤードに付属した建物の2階だった。大理石の狭い階段を上がると、牢屋のような小さなドアに南京錠がかかっていた。

室内は、まるでヨーロッパのプチホテルのようによく整っていて、寝そべってくつろぐための布団を敷いたスペースまである。そして、バスタブこそなかったけれど、清潔なシャワールームとこぢんまりしたトイレがあった。

早速シャワーを浴びると、水しか出てこないのでおかしいな？　と思っていると、取っ手にはふたつともコールドと書いてある。部屋の暑さを思えば、水シャワーくらいなんということもない。着ていた洋服ごと水シャワーを浴びて洗濯をした。

夕食は満天の星空の下、サードコートヤードで摂る。この地方のロマによる歌とダンスを鑑賞しながら食べることができるという。

せっかくだからと、パンジャビドレスに着替えて庭に出ると、ほんのりライトアップされたお城が見える位置に、テーブルがセッティングしてあった。用意されたビュッフェに近づくと、ベジタリアンメニューだけでも、かなりの数が用意されていた。

お皿に少しずついただいたのは、ほうれん草のソテー、ナスとトマトの和え物、カリフラワーやインゲンなどミックスベジタブルのカレー、北インド名物のオクラのカレー、キャベツの炒め物、レンズ豆の煮込みに、恐らく中国人の団体客のために用意されたであろうお粥だった。

どれも、ほどよく異なる味付けでとてもおいしく、特にオクラのカレーは、インドに来て以来探していたのになかなか出会えなかったものなので、嬉しかった！

両手に松明《たいまつ》を持った老人率いるロマの楽団が城の中からやってきて、パフォーマンスが始まった。インドには胡弓のような擦弦《さつげん》楽器があり、少々調子はずれなそのメロディーと、太鼓の音に合わせて、老人が松明を揺らして踊る。

一行が去ると、今度は擦弦楽器とともに男女が歌い、それに合わせてロマの少女二人が首を器用に動かしながら踊り始めた。赤と黄色のサリーを頭から被った姿で踊る二人はとてもチャーミングだった。終わると庭の隅に立ってチップを要求するところはしっかりしているけれど、恐らくこれが彼らの食べていく術なのだから当然なのかもしれない。

ロマは、楽器を作り歌い踊る人々と、遊牧民とに分かれて、ヨーロッパ各国に散らばっていったという。タロット占いやスリなどで悪名高きロマたちも、全てが悪事に手を染めているわけではなく、ごく一部の人々の行いによって悪評を得ているだけで、もとはインドが発祥なのだという。

食後かわいらしい部屋に戻ると、疲れてすぐに寝てしまった。

8月26日　「サブちゃん芸能生活20周年記念時計」と出合う

9時にマンシンと待ち合わせをして、この街を観光することになっていた。ファーストコートヤードには、すでにマンシンがローカルガイドを伴って待っていた。シェカワティー地方の名物ハーヴェリーを巡るツアーは、炎天下の中、徒歩で行くことになった。極めて小さな町なので、車で行くほどのことでもないのだ。砂の道では照り返しに目が眩《くら》むので、この地域の女性のようにストールを頭から被って歩いた。

ハーヴェリーは主に、3つの中庭をめぐる回廊式建物だという。門をくぐって最初の中庭を囲むオープンエリアは、男性や、ゲストのためのスペースだったという。そして、その先の敷居を越えると、セカンドコートヤードといって、女性たちのための中庭になる。

強い日差しの下でも、中庭を挟んだ建物には小さな窓がたくさん設けられ、オープンエリアもたくさんあることから、涼しく過ごすことができるのだという。

庭の中央にはハーブなどの家庭菜園を行う家もある。数世代にわたって共に住まうハーヴェリーには、各家族ごとに炊事場と寝室が設けられているという。そして、裕福な家ほど中庭の数は多くなり、更に奥のサードコートヤードには家畜が繋がれるという。

家々の内外壁には、絢爛豪華なフレスコ画が施され、中にはイギリスへ画の素材となる写真を撮りに行かされた職工もいたらしく、ヒンドゥー教の神々に混じってライト兄弟と飛行機の画や、自転車に乗ったイギリス人の画が描かれた家もある。

道端にはところどころに公共の水飲み場がある。それも、水道ではなくて甕に入った水なのである。水を甕に入れると適度に冷やされておいしくなるのだそうで、ペットボトルを持ち歩いていることが申し訳なくなる。

砂の道を歩くうちに、地元の学校を発見したので中を覗いてみた。広い部屋に3つのクラス分けがされていて、テーブルや椅子こそないものの、教育熱心な親たちが、3歳から通わせる進学校だという。

英語の書き取りや数字の書き取りをしていた幼い子供たちが、次から次へとノートを差し出して見せてくれた。3歳の成績優秀な男の子は、一生懸命boyと書いていた。リシケシュの学校に比べると遥かに授業内容も進んでいて、立派な学校なのだろうけれど、それでも2センチほどに短くなった鉛筆を大事に使っている子がいた。鉛筆やペンなどすぐになくしてしまって、新しいものを購入していた自分を振り返ってとても恥ずかしくなった。

ローカルガイドのボウさんに「早くしないともっと暑くなるよ！」と促されて学校をあとにすると、ハーヴェリーが密集する住宅街を出て市場に向かった。

牛やロバ、ラクダがうろうろする中を、地元のバスがクラクションを鳴らしながら走っていく。新鮮な野菜市には綺麗な衣装の女性たちが群がる。都会に比べて時間の流れが緩やかで、居心地がいい。何よりも歩いて回れるのは楽しいものだ。菜種油を作るのに、牛が大きな臼《うす》を碾《ひ》いていたり、店先の竈で料理をしている人がいたりする。

町の靴屋さんではスパンコールをあしらったサンダルや、ラジャスターンらしいミラーワークのサンダルが売っていてとても綺麗だったけれど、一番気になったのは、ラクダの皮で作ったシンプルなサンダルだった。試し履きしてみると、デリーのマーケットで見たときと同じようにとても硬くて、履いて歩けるような代物ではなかった。「痛いのでやっぱりやめておきます」と言うと、「ちょっと待って！」と言って、靴型にサンダルをはめて、水をつけながら金槌で叩き始めた。トントンカンカン叩きまくったサンダルを履いてみると、なかなかどうしてほどよい履き心地になっている。

ここからは値段交渉の始まりで、２７０ルピーとずいぶん吹っかけられたので、諦めて帰ろうとすると、「じゃあいくらならいいんだ？」と聞かれた。こんなに小さな町だから、あまりに値切りすぎても気の毒に思えて、１５０ルピーと言った。それでも初めは不服そうだったけれど、再び帰る素振りを見せて、最終的には１５０ルピーで手に入れることができた。

マンシンがもう11時になると言って時計を見せてくれた。そこには北島三郎と書いてあり、どうやらサブちゃんの芸能生活20周年記念時計のようだった。インドの田舎町でサブちゃんの名前入り時計を見かけるとは思いもせず、びっくりしたけれど、なにやら日本人のお客さんにもらったものらしい。それにしてもさすがはサブちゃん、20周年記念に作ったのはスイスクォーツでした。

サブちゃん時計に気を取られて足元への注意を怠っていると、ヌルッとした感覚が足を伝ってきた。インド入国24日目にしてついに、お牛様のウンコを踏んでしまったのである。大事に洗って履き続けているhavaianasのビーチサンダルも、インドの洗礼を受けてウンがついたというものよ！　近所の店にあった、甕入りの水をサッとかけると、ウンコはすぐに流れ落ちた。砂漠地方だけあって、よほど乾燥していると見えて、ウンコを流した水もあっという間に乾いてしまった。

午前中の散策を終える前に、ボウさんがキャッスルホテルマンダワのすぐ目の前にある、自分の店に連れていってくれた。「これは全部アンティーク」と言って並べてあったのは、ハーヴェリーから出たであろうアンティークの銀食器や、衣装の数々だった。

「高くないよ、安いよ」と言うけれど、買い物ツアーに来たわけではないので、「お金ないので」と言うと、すかさずマンシンが外に連れ出してくれた。

これにて一度解散し、ホテルで食事休憩となった。カフェから中庭に面したテラスへとランチを運んでもらい、日陰で風に吹かれながら食べたのは、コロッケと、ダール、オクラのカレー、お粥だった。やっぱりオクラのカレーはおいしい。本当はこれとご飯だけでもいいくらいなんだけれど……。

午後をテラスでのんびりと過ごし、ドアが開いていたほかの部屋を覗いているうちに、修復作業をしている職人さんに出会った。「この建物のフレスコ画は全部僕が描いているんだ！　よかったら1階のサロンの画も見て！」と言って嬉しそうに話してくれた。家族の20パーセントが画家だそうで、こうした文化的遺産の保存に関われることは喜ばしいことなのだという。

確かに町に建っているハーヴェリーの多くは、風雨にさらされて、フレスコ画が剝がれてしまっている。個人的には何も描いていないほうが好みだし、風化しつつあるフレスコ画も風情があっていいけれど、精緻な画を見ると、やはり素晴らしいもので、その全てが消えてしまうのももったいないので、修復作業は大いに続けていただきたい。

部屋でヨガを始めるも、あまりの暑さに汗が噴き出してきて苦しかったので、途中でやめてしまった。天井のファンを回そうにも、私の部屋だけ電気がストップしてしまったようで、動かなかった。

5時の待ち合わせで外に出ると、マンシンと、キャメルサファリのコーディネーターが待っていた。日傘を持っていたのだけれど、「それを持っていくと、ラクダが怖がってコントロールを失うから、やめてくれ」と言われてしまった。

ラクダが足を折って座っているぶんにはさほど大きくも感じないのだけれど、いざ跨《また》がって、起き上がると、馬よりも遥かに背が高く、人間の拠りどころといったら、鞍《くら》に申し訳程度についた杭《くい》のようなものだけで、内腿《うちもも》をしっかりひきしめていないと落っこちてしまいそうな気分になる。

「とにかくゆっくり行ってください」とお願いして、のろりのろりとハーヴェリーの間を進んだ。ラクダに乗った観光客を見て、「ハロー！　フォト？」と追いかけてくる女性や子供がたくさんいた。自分の写真を撮らせて10ルピーを稼ぐらしい。

ほどなくして「ここが砂漠だ」と言われるのだけれど、砂漠といってすぐに思い浮かぶあの美しい砂丘ではなく、かなりの緑が自生していて、その隙間から砂漠化した地面が見えるという、いわゆる土漠《どばく》だった。しかし、夕方にしてはずいぶんと暑く、熱風が吹くところはやはり砂漠という感じだった。ラクダもところどころで立ち止まっては草を食べながら、ひたすらゆっくりゆっくり進む。

砂漠地帯では、野垂れ死にした牛を鳥がついばんだり、孔雀《くじゃく》を野犬が嚙みちぎっていたりという、ぞっとするような光景を目にした。

小さな村の小道もラクダで通ると塀の中まで見渡すことができ、様々な家の様式や、人々の暮らしぶりを見ることができた。やはり中庭には牛のいる家が多く、どうせ暑いならと、外にベッドを出してある家もたくさんあった。

牛は搾りたての乳を飲んだり、ヨーグルトを作ったり、農業に使ったりと、肉を食べなくともいろいろな用途で使えるらしく、人々の暮らしに密接に関わっているという。

家々はカラフルなペイントが施されたものや、ムガル様式を少し取り入れたもの、円柱状の建物に藁《わら》が葺《ふ》いてあるものもあった。村のはずれにはロマの住むテント村があり、ビニールや布で屋根を張った中に大家族が住んでいた。

当たり前に何でも揃っている立場から見ると、苦労を伴う暮らしぶりも、初めから
そうして暮らしている彼らにとっては当たり前で、自然なことなのかもしれない。
観光客が訪れることによって、もっと便利な暮らしがあることを知ってしまうと、「お金ちょうだい」とか「ペンちょうだい」とか「チョコレートくれ」などとより多くを求めるようになってしまうのだろう。しかし機械に頼らない彼らの生活は、本来、私たちのものよりもよっぽど豊かなのかもしれない。

1時間ほどでホテルへ帰り、部屋に入ると、やはり電気が使えない。1階に下りてスタッフに助けを請うと、近くにいた初老のおじさんが「部屋はどこ？」と言って見に来てくれた。

このホテルに常駐の電気工なのだろう、部屋の隅々を吟味し始めた。「ところで、外のスイッチは入ってる？」と、ドアの外に部屋全体のスイッチがあることを教えてくれた。案の定、そのスイッチが切られており、夜を徹して停電だったらどうしようという心配は杞憂《きゆう》に終わった。

「どこから来たの？」

おじさんに聞かれて、日本から来たと正直に答えた。

実は電気工だと思っていたこのおじさんが城のオーナーで、マハラジャだというこ

とがわかった。「今夜、よかったら一緒に食事しましょう。庭で待っています」とお誘いを受けた。マハラジャのくせに、何でもない綿のシャツに何でもない綿のパンツをはいたこのおじさんは、客室の電気がつかないというクレームの処理も引き受けてくれたのだった。

せっかくのマハラジャのお誘いを断るのもなんだったので、パンジャビドレスを着て夜の中庭へ行った。サリーを着た美しい女性たちに囲まれて食事をするのかと思いきや、マハラジャはひとりで座っていた。

「家族は今日からデリーに行ってしまったんだ」と言って、二人きりで食事をすることになってしまった。

それにしても、シンさんというこのマハラジャは、宿泊客が食事をする場所で同じように食事を摂り、スタッフがターバンを被っているというのに、自分はどこにでもあるような綿のシャツで、気取ったところが全くない。

「私は普通の人のように振る舞いたいんだ。なんでわざわざあごを突き上げて暮らす必要がある？　頭を低くして暮らしたっていいんじゃないかい？」と言って、ワインをグビグビ飲む。

「今は選挙で政治家が決まるからね。僕は政治には関係ないんだ。もちろん、この街を綺麗に保存するようにという助言はするけれど」

多くのマハラジャと同じように、その制度がなくなった現代では、こうしてホテルを経営しなければ生きていけないという。１９８０年に6室から始めたホテルは今や74室になり、少しずつ修復を重ねながら城を保っているという。

私がアルコールを飲まず、ベジタリアンフードを食べるのを見て、なぜかと理由を聞く。

「東京では肉も魚も食べていましたし、お酒も飲みますが、インドでは、なんとなくベジタリアンとノンアルコールを貫いているんです。ヒンドゥー教徒の真似みたいなものです」

「今はヒンドゥー教徒も肉を食べるよ。少なくとも私は食べるし、ワインも毎晩飲むよ」

さすがはマハラジャ!?　右手だけでタンドリーチキンを器用にちぎっておいしそうに食べていた。ワインもグラスに4杯くらい飲んでいただろうか？　目の前でワインを見せられると飲んでしまおうかとも思ったけれど、決まりをきちんと守っていた日々がもったいなくて、やはり自分のお皿とミネラルウォーター以外には口をつけなかった。

25歳の息子がいるというので、インドの田舎町のマハラジャ夫人に納まるというのも悪くないかも！　と一瞬思ったけれど、やはり普通が一番である。

8月27日　困ったときには「オクラカレー」

おもちゃのようにかわいらしいキャッスルホテルマンダワを後にして、ビカネールへ向かう。

いよいよ乾いた土地にチョロチョロと草木が生えている、砂漠らしい景色になってきた。空は青く、朝から容赦なく照りつける太陽は、乾いた大地から更に湿気を吸い取るような気がして、見ているだけで喉が渇く。

それでも人々は頭の上に荷物を載せて、あるいは羊やヤギを連れて歩いている。女性はストールを頭から被っているものの、子供たちはタオルの1枚も被らずに平気で歩いている。野犬が野垂れ死にしているところを見ると、相当暑いはずなのだけれど……。

果てしない砂漠地帯で生まれた人々は何を思って生きているのだろうか？　ただひたすら暑い中で、日々の糧を得るために働き、疲れて眠る単調な毎日にも、いろいろなドラマがあるんだろうなあ……。

長い長い道のりを経て、4時間くらいたった頃、ようやくカルニマーター寺院に着いた。

　ここはビカネールから35キロの地点だそうで、「素晴らしいお寺だよ」と言うマンシンに促されてゴムぞうりを脱ぎ、鉄板のように熱くなった大理石の上を進むと、なんだか汚い。鳩の餌や糞だらけなのである。そういえば、デリーのジャマーマスジットもそうだったっけ。

　そして、更に奥へ進んだとき、思わず「キャー！」と悲鳴をあげてしまった。なんと、そこはネズミの巣窟《そうくつ》だったのである。それも、寺全体が何千というネズミを擁しており、ばら撒かれた餌に群がるネズミとその糞でグチャグチャなのだった！　裸足の私はあまりの汚さにつま先立ちで、できれば中に入りたくなかったけれど、素晴らしい寺院だと信じているマンシンの手前、気持ち悪いと言うこともできず、ウロチョロと駆け回るネズミに接触しないようそっと歩いたのであった。

　なんでこんなにたくさんのネズミがいるのか聞いてみたかったけれど、マンシンと私とのコミュニケーションは、生きるのに必要最低限のことしか伝わらないので、その理由については、謎のままだった。

　しかし、あれだけのネズミがいると知っていたら、絶対に行かなかったと思う。『ロンリープラネット』のガイドにも、「何千匹もの聖なるネズミが信仰されている」

とはあったけれど、「何千匹ものネズミが放し飼いになっている」とは書いてなかった！　是非内容を書き換えていただけるように投書しようと思っている。

それでも、「いいでしょう？」と言われると、つい「す、素晴らしいお寺ですね……」と答えてしまったから、マンシンが次に出会う旅行者も必ずこのネズミ寺に連れてこられるんだろうな……。

車に乗り込むと早速除菌スプレーを取り出し、入念に足の裏を拭いた。どう考えてもあれは衛生上よくないと思うのですが……。インド人の考えることは、わからん。

小1時間ほどで、宿泊先のカルニ・バワン・パレスホテルに着いた。パレスホテルというからには、キャッスルホテルマンダワのようなかわいらしいところを想像していたけれど、宮殿のような広大な庭を擁する近代的なホテルだった。ウダイプールのマハラジャが経営しているそうで、決して趣味がいいとは言えないが、清潔なのはありがたい。

ホテルのレストランでダールとナンを頼んでみると、外観から想像するより、きちんとした店のようで、焼きたてのナンの外側はパリッとして、中はモチモチしつつ、厚みもほどほどで、おいしかった。

分厚くて食べきれないほどの大きさなのに、ギーがたっぷりとかかっていて、見るだけでお腹がいっぱいになりそうな、モティのあのナンは何だったのだろう？

それにしても日本でベジタリアンと言うと、細くて青白い顔をした人を思い浮かべるけれど、インドにいるかぎりベジタリアンでも十分に太れるということがよくわかった。チャパティーやナン、そして油で揚げたプーリなどのパン類はおいしいし、数々のベジタリアンカレーにも、油はしっかり使ってある。朝からパコーラー（野菜の天ぷら）などの揚げ物を食べる習慣もあるし、水牛のカッテージチーズ消費量はものすごい。そして、ジャガイモや、米の粉を使った料理も数々あるわけで、ダイエットなどする暇がない。帰ってから体重計に乗るのが恐ろしい。

食後に昼寝をしてしまったら、とてもだるくて観光などする気が失《う》せたけれど、3時にマンシンと約束をしてしまったので、やむを得ず部屋を出た。

ジューナガールというお城では、団体客の後ろについてガイドの説明を聞き取ろうとしたけれど、あまりよく聞こえなかった。

「王には64人の妻がいたので、彼女たちの部屋も64部屋ありました」ええ？ 64人の妻ですか？ と聞き返すと、「64人しかいませんでした」とガイドのおじさんが言った。64人しかって……。

絢爛豪華なお城もいい加減見飽きていたので、ムガル建築様式に金や宝石をあしらった謁見室や、見事なステンドグラスなども、適当に見た。

しかし、展示してあった針のむしろには少々興味が湧いて、何をするものなのか尋ねてみると、「この針の上で、ダンスをしたのです」という。

針のむしろの上でダンス？　誰が？

「村の人々が裸足でダンスしたんです」

なんのために？

「マハラジャや民衆に見せるためです」

うーん、やはりインド人の考えることはわからん。私がマハラジャだったら、針のむしろの上でダンスなんかしないでほしいけれど……。世の中にはいろいろな人がいるのだというういい勉強になった。

その他にも展示スペースはたくさんあり、マハラジャの衣装やイギリス政府から寄贈された飛行機、大名行列の際の象の背中に載せる椅子などを見た。軍の鎧《よろい》や、サーベル、盾、銃などもご丁寧に展示してあり、膨大な武器のコレクションに辟易《へきえき》して外に出ようとしたけれど、広すぎる城は迷路のようでよくわからず、団体客が見終わるのを待ったのであった。

次に向かったのは、ラールガル宮殿。ここも赤砂岩で造られた美しいお城なのだけれど、ネズミ寺に始まった観光に疲れてしまって、敷地内を車で1周して帰ることにした。

ホテルへ到着する道の手前にロマの集落があり、かわいらしい子供たちがいたので立ち寄ってみた。木の枝と、ビニール袋などで作ったテントに住み、ヤギや鶏を飼っていた。小さな子供でも綺麗なシルバーのアクセサリーをしているのは、ラジャスターン州の特徴なのか、ロマの特徴なのかはわからない。砂漠の暑さをしのぐにはギリギリの家でも、子供たちは楽しそうだった。

僕も！　私も！　と写真撮影をひっきりなしにせがむ子供たちを振り切って、ホテルへ向かうと、宿泊客は他に誰もいないようで、ロビーはとても静かだった。

ホテルのマネージャーがいたので、昼のネズミ寺について尋ねると、つまりはこういうことらしい。

シヴァ神の妻パールヴァーティーの化身であるドゥルガーの生まれ変わりといわれた霊能力者カルニマーターは、若くして死んでしまった自分の息子が、まだその時期ではないと、生き返らせることを死神に頼んだ。しかし、死神に断られたので、今後自分の家族が死ぬたびに、死神の元へはやらず、ネズミとして生まれ変わらせると言った。

話の意味があまりよく理解できなかったので、果たして伝説がこのとおりかどうか定かではないのだけれど、カルニマーターは150歳まで生きたとか、ジューナガールの建設に当たって、適切な場所を指示したという伝説もあるらしい。よくわからないけれど、これがネズミ寺にまつわる話なのだ。

部屋に帰って『ロンリープラネット』を読み返してみると、ちゃんとネズミ寺に関するコラムがあった。そこには、「自分の足の上を何匹か走り過ぎるのを覚悟しておこう」とあった。できればもっとわかりやすいところに書いておいてほしかった！

夕食時にレストランへ向かうとやはり誰もおらず、客は私ひとりだけだった。ラジャスターン地方の料理をタリーにしてもらったのだけれど、コミュニケーションがうまくいかず、その素材については不明のままだった。一番おいしかったのはやはり、オクラのカレーだった。そのほかはイマイチ。

この地方にいる間、とりあえずオクラのカレーを頼めば間違いはなさそうだ。

8月28日　砂漠の都ジャイサルメールへ

ゴールデンシティーとも呼ばれている砂漠の都ジャイサルメールへは、ビカネールへの道よりも更に乾いた大地の間を行く。よくぞ車が持ちこたえられるものだと感心しながら、見渡す限り砂漠！　砂漠！　砂漠！　の窓外を眺めていた。

ロマの一家の大移動や、明日のクリシュナ祭りに参加するため寺院へと歩く巡礼者たち、男性に混じってサリーのまま沿道の工事に携わる女性たちを見た。色鮮やかなサリーや、ストールを頭から被った女性たちは、豆粒大になってもその荒涼とした景色に映えて美しい。

何時間走っても目的地にはたどり着かず、何もない風景をただ眺めているのは楽でもあったが、少々退屈でもあった。

時速65キロくらいで安全に進むマンシンが時折急ブレーキをかけるのは、鹿が通り過ぎたり、羊の群れや牛の群れが車道を堂々と歩いているからだった。

空と道と砂漠だけというのが3、4時間続いた頃に、踏み切りで足止めを食らった。トラックやバスが連なり、象までもが順番待ちをしていた。それも、5、6分の話ではなく、正確な通過時間のわからない電車のために20分も待ったのである。踏み切りポイントには、足止めを食らう車目当てにアイスクリーム屋、お菓子屋、果物屋が群がり、さらに混雑を来していた。

そして、ようやく来た電車はディーゼル車らしく黒煙を撒き散らしながら通り過ぎ、車両はといえば、乗車率３００パーセントのようで、屋根の上にまで乗客が乗っていた！

果てしなき道をただひたすら走り続けるうちに、ウトウトと眠りこけていると、安全運転のマンシンが再びキイーッ！　と急ブレーキをかけた。また何か動物が通り過ぎたのだろうと思いきや、「ミキサン、マイブラザー！」と言って、対向車線を運転していた弟さんを紹介してくれた。

こんなに広いラジャスターン州の砂漠道で、別の会社でドライバーをしている弟さんに出会うとはなんという偶然だろう！　あちらはスペイン人の夫婦を乗せており、「ジャイサルメールは素晴らしかった！」と目を輝かせて必見箇所を教えてくれた。

ジャイサルメールの１００キロほど手前で、「ミキサン、オハヨウゴザイマス。ここ、ポカランね。１９９８年、ヒロシマ、ナガサキ、セイムね」とマンシンに起こされた。

インドとパキスタンがジャンムー・カシミール地方の土地を争って緊張状態にある中、インド政府が核実験を行った場所だという。そんなところを通って被爆したらどうしようとヒヤヒヤしていると、ニューラジャスターンモーテルに駐車してしまった。ここで昼食を食べるという。

仕方なしに中へ入ると、マンシンは「さっき踏み切りで買ったバナナがあるからいい」という。こんなに長時間ドライブをしてくれたのにバナナだけでは申し訳ないので、無理やり誘って一緒に食べることにした。マンシンは焼きそばを、私はベジタリアンタリーを食べる間、片言の英語と片言の日本語を混ぜながら互いに話した。

マンシンには3人の子供がいるらしく、綺麗な奥さんの写真と一緒に子供たちの写真も見せてくれた。やはりこちらもお見合い結婚だったらしいのだが、とても美しくて人柄のよさそうな奥さんをもらえたマンシンは幸運だ！

食後も、長い旅は続く。移動ばかりの旅に慣れない私は、またもや寝てしまい、「ミキサン、オハヨウゴザイマス」と言われてジャイサルメールに着いたことを知った。

その街はゴールデンシティーという名に相応しい、黄色い砂岩でできた街だった。メインのフォート・ラジワダという城塞はもちろんのこと、その周りの家々も全て美しい砂漠色で揃っており、いつまで見ていても飽きのこない趣のある街だった。あまりの素晴らしさに久しぶりに胸が高鳴り、長旅の疲れも吹き飛んだ。だが、さすがにマンシンが疲れているようだったので、2時間の休憩の後に出かけることにしたけれど、本当ならば、ホテルに荷物を置いてすぐにでも出かけたかった。

宿泊先はゴルバンドパレスホテルといい、こちらもやはり近代的ではあるけれど、黄砂岩でできた綺麗な建物だ。

マンシンと落ち合って街へ繰り出したものの、すでに閉館時間を過ぎてしまった城塞へは入れなかったので、ぐるりと1周して、宮崎駿氏の映画にでてきてもおかしくないその城の全貌を眺めた。

さらに、先ほどマンシンの弟さんが連れていたスペイン人夫婦が「眺望が素晴らしいから絶対に行ったほうがいい」と言っていた、トリオという名のレストランへ行って、お茶を飲んだ。行ってみると確かに眺めは素晴らしい。かなり近くで城塞を見渡せるテラスレストランだった。

さすがにチャイだけでは申し訳なくなって、ベジタブルパコーラーを頼んでみた。野菜の天ぷらだというので、ニンジンやらナスやらの天ぷらを想像していたけれど、コロッケとかき揚げの中間みたいなものだろうか？　トリオレストランのパコーラーには、ジャガイモとタマネギとカリフラワーが入っていた。ずいぶん待たされたので、当然揚げたてだろう。城塞の美しさもプラスされて、かなりおいしく感じた。

マンシンとなかなか通じない会話を続けているうちに、日が暮れ始めたので、城塞と城下町の全景を見渡すことのできるサンセットポイントへと移動した。

マハラジャが妻とともに散歩をしたという東屋《あずまや》のある高台から、暮れゆく夕日に染まる城塞を見ながら生ぬるい風に吹かれると、久しく忘れていたビールを飲みたくなった。残念ながらビールなど売っているわけもなく、そのかわりに、古い擦弦楽器を弾きながら歌うおじさんの声に酔ってみた。

大空に響き渡るその歌声は、ラジャスターンの民謡を歌っていたようで、6本の弦がありながら、ひとつのコードだけで何曲も歌い続け、ヤギの革を張ったその楽器を時折叩いては、ひとつの楽器でパーカッションの役割も合わせて演じるおじさんに聞き惚れてしまった。

ちょうどいい具合に夕日がおじさんを照らしていて、数人いた観光客にとって格好の被写体になっていた。目の前に座ると、名前を聞かれ、歌の途中に私の名前を入れてくれた。バクシーシと引き換えに、その人のために歌うのが、このおじさんのサービスらしい。手にしていた楽器は500年も前のものだそうで、作りは粗いし、演奏も単調ではあったけれど、いい音だった。弦と弓がもうちょっとよくなれば、音の広がりが増すだろうにと思ったけれど、このおじさんにそんなことは無用だろうと、口をつぐんだ。

できれば、何時間でも座っていたかったけれど、「ミキサン、ゴーバック？」と言うマンシンの疲れた顔を見たら帰らざるを得なかった。

ホテルへ帰ると、こちらでもプールサイドでラジャスターン音楽を演奏していた。今度は数名からなる楽団で、メロディーを弾くアコーディオンのような楽器から、擦弦楽器、笛、沖縄の「四つ竹」のような、2枚の板を両手に持ったカスタネット、そして太鼓とリズム隊もちゃんといて、全員がものすごい響く声で歌っていた。それは、ホテルで催される余興の類《たぐい》にしては、ずいぶんクオリティーの高いもので、彼らに生まれつき備わった才能によるものらしかった。

素晴らしい演奏を前にすると、8月2日を最後に飲んでいなかったビールをどうしても飲みたくなった。いよいよビールを解禁にしてみると、音楽がより心地よく聴こえた。そして、ラジャスターンの民族衣装を纏った美しい女性による信じられないほど華麗な踊りには、体中の細胞が沸き立った。

サンティーというそのダンサーは、10歳の頃からダンスだけで生きてきたという。

情熱的な音楽に合わせた血の煮えたぎるようなダンスは、食事をするのも忘れてしまうほど全身にくまなく神経が行き届いていて、なおかつ激しく、自由に見えた。

彼女がクルクルと回るたびに、スカートも、頭に巻いたストールも一緒に翻《ひるがえ》って、マジックを見ているような気分にもなる。腰の据え方、リズム感、手先のコントロール、柔軟性、全てにおいて完璧で、私が男だったら、連れて帰りたくなっただろう。

話を聞いてみると、その才能を認められ、何度もパリで公演を行っているという。どうりで、「ノースタディー」と言うわりには多少の英語を話せるし、「香水をプレゼントして！」と言うのにフランス語が混じっていたりするわけだった。こんなに素晴らしいものを見せてもらったら香水などお安い御用で、小さなビンを渡した。
2、3時間、そうして歌や踊りを見ながら過ごし、キャベツのカレーとレンズ豆のカレーを食べると、翌日に備えて部屋へ戻った。

8月29日　次々と待ち受ける、お土産屋の罠

8時30分にホテルを出発して観光に向かう。今日はローカルガイドのアリくんがこの街を案内してくれる。

まず最初に向かったのは、ガリー・サーガルという貯水池。城塞以外は何もないただの砂漠だった14世紀に、マハラジャのひとことで、半径15キロ以内で雨が降ったときには、全ての水が流れ込むように造らせ、人々の貴重な水資源となったそうだ。

今では水道が配備され、飲用に使われることはなくなったけれど、併設しているヒンドゥー教のお寺を参拝し、グッドカルマのために、貯水池に棲息する魚に餌をあげるべく訪れる人は多いという。

かつて交通手段が今ほどなかった頃は、人が亡くなったときに火葬した灰は、ガンジス河の代わりにこの貯水池へ流されたという。つまりは聖なる貯水池ということになるらしく、サドゥーたちが沐浴をして、オレンジ色の布を干していた。

次に向かったのは、この街のシンボルでもある、ジャイサルメール城塞で、アリくんがその歴史について簡単に説明してくれた。

14世紀にムガル帝国の侵略を恐れて高台に建てられたこの城は、砂漠の街の唯一の都市だった。人々は城塞の中に家を建て、城壁には大砲のための穴や、よじ登ってくるであろうムガル兵に熱湯をかけるための穴がたくさん作られ、鉄の門は開けようにも熱くて開けられないように、熱を吸収しやすい作りになっている。その甲斐あって2度の進攻にも落城することはなかったという。

城壁は、接着剤を一切使わず、当時の緻密な技術で砂岩を積み上げただけだという。それでも今日まで依然としてその美しい姿を保っているのは素晴らしい。

「城塞の中は観光客目当ての店だらけで、かなり吹っかけられるから、何も買わないように」という勧めにしたがって、気をひきしめた。それでも、幼い子供が楽器片手に歌うのを見ると、つい立ち止まって、聞き入ってしまった。すると昨日のサンセットポイントのおじさんと同じように、私に語りかけるように歌ってくれた。就学年齢に満たない子供にもかかわらず、こぶしのきいたいい声で、抑揚もあってリズム感がとてもいい。10ルピーのバクシーシは決して惜しくなかった。

城塞内での有名な観光スポットであるジャイナ教の寺院にも入ってみた。

「ジャイナ教は、ヒンドゥー教から派生した宗教で、神を持ちません。24人の預言者がいるだけです。しかし、ヒンドゥー教をも含んでいるため、ガネーシャの彫刻もあります。彼らは厳格な不殺生を貫くために、祈りの際には、口と鼻を覆って、虫やバクテリアを殺さないようにしています」

実際に祈りを捧げている少年たちも白装束で、顔の半分を白い布で覆っていた。

「ねえ、どこから来たの？　僕、外国のコインを集めてるんだけど、日本のお金ちょうだい！」と、祈っている最中なのに、自分のコレクションを増やそうとしていたのは、おかしかった。

「彼らは当然ベジタリアンですが、土の中に実る野菜は食べません。虫を殺す恐れがあるからです。それから農業も行いません。外を歩くときに、裸足の人もいます。日没後は食べ物を口にしません。この寺院は500年ほど前にヒンドゥー教徒の技術者によって建てられたものです」

500年も前に建てられたにしては驚くほど繊細な技術で砂岩が彫られている。

「24人の預言者像はブッダにも似ていますが、異なる点は、目を開いていることと、胸に印があります。上のほうにはカーマスートラの彫刻がありますが、これは、人々の信仰と禁欲を試すために彫られたといいます」

確かに、上のほうには小さいながら男女の裸体が彫ってある。

そういえば、アリくんはイスラム教徒だというのに、他の宗教のことをよく知っているし、寺院に入ることも厭《いと》わない。

「僕は、真理はひとつだと思っているから。ひとつの宗教しか認めないという意味ではなくて、真理はひとつだけど、神はいろいろな顔を持っているということさ！」

ヒンドゥー教の友人たちとともに祭りに参加することもあるという。城塞内は、古い砂岩の家々の間を細い路地が通り、牛の糞がたくさん落ちていて、まるでパリの小路みたいだ。

「眺めのいいカフェに案内するよ！」と言ってアリくんが連れていってくれたのは、リトル・チベットという城塞内の店で、チベット料理と洋食を提供する店だった。屋上からは、城塞を含む素晴らしい街並みを見渡すことができ、インド料理ばかりの毎日に、醤油味のチベット風の野菜ラーメンと、餃子に似たベジタリアンモモは、かなり嬉しかった！

午後は、城塞を出て、18世紀にジャイナ教の商人たちが建てたというハーヴェリーを見に行った。砂岩に細かい彫刻を施したハーヴェリーは、豪華ながら嫌味がなくてとても素敵なのだけれど、なにしろ中に入ると大抵はお店になっていて、何も買わずに出てくるのは非常に勇気がいる。

アリくんの知り合いだという彫金工場兼ハーヴェリーでは、チャイを振る舞われ、細かい作業を全部手で行っているのだと、その工程を見せてもらい、最後に3階の部屋へ連れていかれて、様々なアクセサリーを見せられた。

つまりはハーヴェリーの中を見せたのだから買ってくれということなのだけれど、どれもこれも派手なものばかりで好みに合うものがなかった。「それならばこれはどうか？」とシンプルなものもたくさん出してきた。たしかに、素敵なものもあった。しかし、石も金属も荒削りでかわいいという類のもので、高いお金を払ってまで買うような代物ではなかった。

ところが、あちらの提示する金額は、東京で買うのと大差がない。「騙されてたまるか！」という気持ちもあったので、「私のポリシーでは、商品を見て欲しいと思っても、その日には買いません。一日考えて、夢に出てくるほど欲しかったら、もう一度来ます」と言った。

すると向こうも一枚上手《うわて》で、「今はまだ時間が早いから、モーニングプライスにしよう！　ヒンドゥー教では、朝一番のお客さんにサービスをすると幸運が舞い込むと信じられているんだ。最初のお客さんを逃すと、縁起が悪いからね」と言って、なんとか今日中に買わせようとする。アリくんも一緒になって、「無理に買えとは言わないけど、こんなチャンスはないよ。あなたはラッキーだよ」と店の肩を持つ。

幸い、マンシンの待つ車の中にお財布を預けてあったので、「ほんとうに欲しかったらまた明日来る」と言って逃げることができた。それでも危うくアリくんがお金を貸してくれそうになったけれど、それだけは勘弁してもらった。交渉決裂で一番不服そうだったのは、他でもないアリくんだった。

やっと押し売り地獄から脱出できたと思ったら、今度はアンティークテキスタイルの店が私を待っていた。ヴィンテージショップのバイヤーなら、一日いても飽きないだろう膨大なコレクションは、どれも素晴らしいハンドメイドのパッチワークや刺繍、ミラーワーク、ユーズドのサリーなどである。

店のオーナー曰く

「これらの品々は商品でもあるけれど、私が愛情を持っているものでもあるんだ。特に、嫁入りのために若い娘が一生懸命自分で施した刺繍《ししゅう》などは強いエネルギーを感じるから、手放すときは少し寂しいね」

アリくんと店のオーナーの罠《わな》にかかったのはわかっていながら、綺麗な刺繍入りのドレスを買わずにはいられなかった。しかし、値段交渉にはかなり時間がかかった。

「嘘は一切ない。今すぐに売らなくてもいいけれど、あなたのためにこの値段にしているんだ」

オーナーの言い値で買うつもりは全くなかったので、「次にジャイサルメールに来たときに、まだこのドレスが残っていたら、私が買うべき運命なのだと思ってその値段でも買うでしょう」と、本気で言うと、「次に来たときに、これがある保証はないよ。今買ったほうがいい。あなたのためだ」と言う。

梃子《てこ》でも動かない姿勢を貫くと、ようやく適正価格で買えることになった。しかし、財布を持っていない。

「大丈夫だ。アリに払ってくれればいい。彼のお客さんは信用してるから！」

やはり彼らはしっかりとビジネス協定を結んでいるようだった。私が買い物をしたことを一番喜んでいたのはアリくんで、戻りが遅いので心配して迎えに来たマンションは、商品を買った私を気の毒そうに見ていた。

もう一軒綺麗なハーヴェリーがあるからと連れていかれたのも、ジャイナ教徒が経営する骨董品店で、保存状態のよいとてもきれいなハーヴェリーだった。初めに「もう何も買わないから！」と断って中に入ると、200年前に施された壁の装飾を見せてくれた。金や銀をふんだんに使用したフレスコ画や、ベネチアングラスを使ったステンドグラスなど、贅の限りを尽くした内装よりは、外から見た砂岩の彫刻のほうが遥かに綺麗で、何も押し売りのカモになるリスクを冒してまで見るほど面白いものはなかった。

「さっきも言いましたが、何も買いません。ありがとうございました」と言って、外に出ても、アリくんは機嫌がいいままだった。今日のノルマはテキスタイル屋さんで達成したということなのだろう。

数時間の休憩の後、ジャイサルメールのハイライト、砂丘でのキャメルサファリに出かけた。観光客の大勢いるサム砂丘を避けて、市街地から車で1時間ほどのクーリー村を拠点とするツアーに出た。

村の建物は、土で塗り固められた丸い家に藁葺き屋根というスタイルが多かった。1000人ほどが住む家々がかわいらしく点在している。伝統的な低層の街並みを保つ姿は、日本で言うと竹富島《たけとみじま》のような感じだろうか？

各家に水道はなく、滑車もない穴を掘っただけの共同井戸の底に、綱で吊って袋状にしたゴムを垂らし、自力で引っ張り上げる。水汲みは女たちの仕事のようで、5リットルほどの水を入れた真鍮《しんちゅう》の甕を頭にのせて、優雅に歩く女性たちの姿がそこかしこに見られる。少女たちに混じって、重い重い水を汲んでみると、透き通ったきれいな水だった。

しかし興味本位で試すぶんには楽しいこの水汲み作業も、一日に何度も行うとなると大変なことだろう。ペットボトルの水を買ってガブガブ飲んでいる私には、コップ1杯の水の価値などわからなくなっていたけれど、彼女たちの暮らしぶりを見て、頭が下がる思いだった。

　しかし、ここでもまた、「ハロー！　ハロー！」と言っては写真を撮ってくれとせがみ、その挙句に「フォト、ルピー！　ルピー！」とお金をせがむ人たちばかりで、こちらが想像する村人たちの姿と、実際の彼らの姿には少々隔たりがある。私から見ると、余計な物のない暮らしも、都会に暮らす人間より遥かに豊かに見えるけれど、彼らにしてみれば、当然のことながら、デジタルカメラやペットボトル入りの飲料こそ豊かさの象徴に見えるのだ。

　アリくんを仲介人に、キャメルサファリをアレンジしてもらった。

　早速ラクダに乗ると、遠くに見えるきれいな砂丘を目指して出発した。ゆっくりと進むラクダの背からは、野生の孔雀たちが大きく羽を広げる姿が見えた。だんだんと暮れてゆくこの時間の空の色は、透明感があってとても好きだ。

　他にも同じようにラクダに跨った観光客が点在している。

「コーラ？　ビアー？　ファンタ？」

　後ろをついてくる子供たちは跡を絶たず、素晴らしい眺めの頂上に着くと、出張ミュージシャンが各ラクダのところにやってきて、頼んでもいないのに歌を歌ってくれて、その響きのよさにバクシーシを払うことになる。

不思議なもので、買い物を強要されるのはとても嫌なのに、上手なミュージシャンやダンサーたちのパフォーマンスはいくら見ても飽きないし、勝手に始まった演奏にもきちんとお支払いしようという気になる。はかなくも美しい時間を買うからなのかしら？

1時間もいただろうか。真っ赤な夕日も彼方に沈んで空が暗くなり始めた。「ここに泊まるならいてもいいよ」と言われたけれど、さすがに女の一人旅という身の上で、野宿も不安だったので、来た道を帰ることになった。砂漠の夜空に消える流れ星を見られなかったのは、物凄く残念だ!!

クーリー村に近づくと、どこからともなくラジャスターンの音楽が鳴り響いてきた。できることなら、砂漠の村に泊まってみたかったけれど、これもまた同じ理由から断念した。

市街地へは、満天の星空を眺めながら戻った。くたくたに疲れた身体で、プールサイドに行くと、今夜もまたサンティーとミュージシャンたちがいた。昨夜とほとんど同じ演目だったけれど、それでも全く飽きなかった。

8月30日　危機一髪、ボクシングチャンピオンに睨まれる

ジャイサルメールから、ブルーシティーと言われるジョードプールへは5時間半で到着した。

Sukhsagarというピュアベジタリアンのレストランで食事をすることになり、ヴァラナスィで食べて以来探していた、ベジタリアンシシカバブーをようやくみつけた。豆の粉にキャベツやニンジン、タマネギなどの野菜をスパイスとともに混ぜ、焼き串に棒状に貼りつけて竈で焼いた熱々のそれは、外側がサクッとして、歯ざわりがよく、くせになるおいしさだった。

ジョードプールのハイライトである、メヘランガル城塞は、岩山の上に聳え立っており、強くそして静かに青く塗られた家々を見下ろしている。色鮮やかな衣装を身に纏った女性たちがいて、大きな鼻ピアスをした女性も多かった。あまりの美しさにカメラを向けると、興味は示しても、誰一人としてお金を要求しなかった。

このときすでにジョードプールという街を好きになったけれど、さらに城塞の入り口に進むと、入場料のなかにイヤホンガイド（しかも日本語あり！）が含まれており、

タクール・シン・ジェイソルさんというおじいさんの説明を聞いてもっと好きになった！

「これから始まるツアーでは、このワーンダフルなイヤホンガイドがあなたの行く先々でぇ、とぉーっても丁寧に説明をいたしますので、あなたは、だぁーれにも邪魔されずにっ、この城の歴史をぉ、知ることができるでしょう！」とものすごい抑揚の芝居がかった台詞《せりふ》でそのイヤホンガイドを渡してくれた。さっそく耳に当てると、「いいですか？　プレイボタンを押すと音楽が流れますが、踊りださないでくださいね！」と言って、その使い方を教えてくれた。「見学中に、このスイッチを押さないでください！　なぜならぁ、ワーンダフルな英語ガイドが始まってしまうからでーす！」

ジョードプールではこの城塞と、人々のホスピタリティーが自慢だという。先ほど写真を撮っても誰もお金を要求しなかったことを言うと、

「そのとおりです。私は、このジョードプールに誇りを持っています！　城内にはお土産屋さんもほとんどありませんので、安心して見学してくださいっ！　ああ、そうそう、あなたのパスポートかクレジットをお預かりしなくてはいけません！」

イヤホンガイドと引き換えに、パスポートを質入れした。

「だいじょうーぶ！　これは、魔法の絨毯に乗って宮殿の出口に行くでしょう！　あなたがイヤホンガイドを返却するのと同時に受け取ることができまーすっ！」

シン・ジェイソルさんの説明だけで、城の中を見たかのように十分楽しんだ。お土産を無理やり買わせようとするローカルガイドなしに、自分のペースで見学できるのはなんと素晴らしいことだろう。しかし、観光客を当てにしているガイドたちからは怨まれているはずですよ、マハラジャさん！

中へ進むと、幾多の観光サイトとは異なり、牛の糞が落ちていないのにも感動した。普通あるものでしょう？　牛やら鳩やらの糞が！　インドにいると、そうしたことが当たり前になっていたけれど、こんなに清潔な城があったとは！

イヤホンガイドも、ご機嫌なアナウンサーという感じで、少々大袈裟なのが面白い。当代のマハラジャや、その令息のメッセージまで入っていて、各チャプターごとに音楽がちょろちょろ入っているあたりは、ちょっとした教育番組のようでもある。

ラジャスターンが、武士階級の民族で成り立っていたことや、ムガル帝国のアクバルがラジャスターンを手中に入れるべく、ラジャスターンの姫を妻に迎えたけれど、ラジャスターン側は、ムガル帝国から嫁を娶ることはなかったこととか。また、アヘンが戦に赴く兵士たちにとって、勇気を奮い立たせるのに重要な役割をもたらし、さらに傷ついた兵士たちの疼痛《とうつう》を和らげるのにも使われたため、今でもこの地方では特別な祝い事のおりに、アヘンや麻薬を用いる習慣があるという。

どうりで、インド＝麻薬のイメージがあるわけだ！　誤解を招くといけないので断っておくと、私はそうしたものが好きではない。しかし、末期の患者たちが疼痛を和らげることができるなら、その場合に限っての使用は許されて然りだとも思っている。

それにしても、この城内の手入れの施しようは、群を抜いて素晴らしい。宮殿の外壁には精緻な彫刻が施されているものの、派手すぎず、内装はムガル建築様式を踏襲しているが、シンプルで、ほんの一部の装飾過剰な部屋を除いて白壁なのは気持ちがいい。

展示物も非常にわかりやすくきれいに並べられているため、象に乗るときの椅子や、マハラニがひと目にさらされずに移動することのできる籠《かご》、戦利品の数々、王室ご用達画家による素晴らしい細密画などを、足をとめてひとつひとつ見たいという気になる。

しかし、どんなにきれいな城でも、外敵に侵略されるのを恐れながら暮らすのは心穏やかではなかっただろう。王なんかより平民のほうがどれだけ幸せかと思う。

城塞からすぐ近くのジャスワント・ターダは、かつてのマハラジャの霊廟で、火葬場も併設してある。暑くて疲れていたので、どうでもいい気分で向かい、他のインド人と同じように木陰で休むと、私を見てゲラゲラ笑う人たちがいた。何がそんなにおかしいのかしら？　私のことをみてもっとも大きな声で笑っていた20代の女の子はサリーを着ていない。

「どうしてサリーを着ないの？」と聞くと、周囲の男の子が「彼女はサリーが嫌いなんだ」と代弁する。「そう、私サリーが嫌いなの。ジャージが一番よ！」と肝っ玉母さんのような返答をする。サリーが嫌いなインド人がいるなんて思いもよらなかったから、たまげた。

「彼女は、ジョードプールのボクシングチャンピオンなんだ！」

えええ？　男性社会のインドに女性ボクサーがいるの？　恐らくからかわれたのだろうと思い、全く信じなかった。「嘘でしょう？」と何度も聞くと、「神に誓って本当よ！」と彼女に睨まれた。声の質といい、大きな身体つきといい、肌の質感から顔の造作に至るまで、どこかで会ったことがあると思ったら、沖縄にいる友人にそっくりなのだった。

あまりの眼力に恐れをなして、「わかった、わかったから、殺さないでね、お願い！」と言って、興味のなかった霊廟の中に逃げ込み、予想どおり面白くなかったので数分で外へ出ると、女ボクシングチャンピオンがこちらを睨んで立っていて、「本気で殺すよ！」と迫ってきた。

殴られたらたまらないと逃げると、「冗談だよ！　あんたの名前なんていうの？　面白いから気に入った。私はモムタ、覚えておいて！」と言って、一緒に記念写真を撮ろうという。触れた腕の質感まで友人にそっくりで、悪い気はしなかったので、見知らぬ人の記念写真に収まることとなった。

ホテルへ向かい、休息をとると、夕食に中華料理を食べた。インドの中華は駄目なのに、またしてもカレー以外のものが食べたくなって失敗をした。学習能力に欠ける、貧弱な想像力しか持たぬ己が憎い。

クリスピーほうれん草なるおかしなものを頼んでみると、出てきたのは細かく刻んだほうれん草とタマネギを素揚げにして、塩コショウを振ったものだった。たっぷりの油で、カリカリというよりはサクサクに揚げてあり、味付けさえ間違えなければ、ふりかけ代わりによさそうなものなのに、これがまた塩の味がとてつもなく濃くて、クリスピーほうれん草のためにグラスの水を3杯も飲み干した。

そして、「ナスを辛いソースで絡めます」というような説明書があったのでマーボーナスを期待していると、出てきたのは、ナスに衣をつけてかなり長時間揚げたであろうフリッターを、甘辛くて酸味のある、ケチャップに似た味の濃いソースで絡めたものだった。ひと口でご飯を茶碗1杯食べられそうなその味に、「インド人が作る中華料理は食べるな！」という教訓を得た。

8月31日　ダンサー一家との我慢比べ

砂漠の都市を後にして、潤い豊かなクンバルガルへと向かう途中、車のエンジンが止まってしまった。マンシンが工具を取り出して一生懸命格闘していたけれど、アクセルを踏むたびにエンジンは空回りするのみ。道行く車を止めて助けを仰ぐも、解決策は見つからず、再びひとりでカチャカチャやっていた。

砂漠の道で立ち往生なんて、映画によくある話だけれど、親切を装った強盗には遭わなかったし、胸がときめくような素敵な出会いもなかった。このまま1日を過ごすのも悪くないと思いかけた頃、エンジンは正気を取り戻してくれた。

クンバルガルの手前のラーナクプルという町の小さなホテル・ザ・キャッスルで、おいしくないインド料理を食べた。オープンテラスでの食事は、肝心な味がイマイチだったけれど、敷地内の、豊富な緑を見渡すことができ、気持ちがよかった。

このあたりは深い緑に囲まれた谷間の町で、ジャイナ教の寺院群が有名らしい。

「ジャイナテンプルね、ミキサン、ゴー？」と言うマンシンの合図でその敷地内に入ってみると、なるほど確かにいくつもの寺院が林立している。なかでも一番人目を惹くのは、500年前に建てられたという大理石の壮大な建物で、ジャイサルメールで見たような細かい彫刻が、1000本以上あるという柱の全てに施され、天井にも、どうやって彫ったのか想像がつかぬほど、精緻な飾りが刻んであった。

「ようこそ、世界でもっとも美しい寺院へ。私はこの寺院の最高僧です。もしよろしければご案内しますが」

太くやわらかい声の僧侶が近づいてきた。これで、案内を頼めばお布施をしなければならないことはわかっていながらも、とてもきれいな話し方に説得力があったので、ガイドなしで理解するには広すぎる寺院を案内してもらった。

裸足で歩いても全く違和感のないきれいな寺院内には、預言者たちの像だけでなく、この寺の建築家、初代僧侶、出資者の像も彫られていた。たくさんある柱のうち、1本だけ傾いているのは、完全なるものは神だけであるという観点から、わざと傾けて作ったという。

最も面白かったのは、20番目の預言者像で、頭の上を1000匹のコブラが守り、その周囲を縄網状に複雑に絡み合った1匹のコブラが取り囲んでいる。その頭からシッポまで迷路のようにたどっていくと全部で20分かかるという。本気でなぞる暇な人はなかなかいないらしいが、私は暇だったので試してみた。

1箇所道を見失って、訂正されたけれど、最後のシッポまで5分少々でたどり着いた。「本当なら間違えたところからやり直しだから、20分くらいかかったはずだよ」と、大層なコブラだということを強調された。

最後に、「私がマントラを唱えるのをお聞かせしましょうか？」と言うので、どんなものかと聞いてみることにした。ジャイナ教の寺院なので、当然私も顔の半分を布で覆うのかと思いきや、「いいから、いいから」と言って、その僧侶も顔を覆わずに「オーム、オーム、オーム」とマントラを唱え始めた。

厳格な不殺生も意外といいかげんなものらしい。しかしその低く柔らかい声は、天井にビリビリと響いて、祈りの意味は全くわからなかったけれど、気持ちのいいものだった。

ヒンドゥー教徒と同じように、「オーム、シャンティー、シャンティー、シャンティ〜」で終えると、「10月を過ぎると、これからの10年間は今まで以上に意義のあるものになるでしょう。それから、第3の目であなたの過去が見えました。あなたは前世でインドの王家に属していたようです。その前はエジプトにいたようですが」と、ちょっと信じがたいことを言われた。

インドの王家ねえ、エジプトねえ。輪廻転生が実在しようがしまいが、どちらでもいい。

万にひとつそれが本当だとして、インドの王家だろうがエジプトだろうが、今生きていることのほうが大事だし、因果応報も、今生の短いスパンで考えるには当然のことだと思うけれど、来世で虫や魚に生まれ変わるのが怖くて善《よ》い行いをするなんて、まっぴらごめんだわ！

とはいうものの、この僧侶の話し方、立ち居振る舞いはとても美しく、いちいち説得力があったので、内容や効果のほどはともかくとして、私のために祈ってくれたことを感謝して寺を出た。

クンバルガルまでは、清々しい緑の中をゆっくりと進んだ。つい先ほどまで砂漠にいたことが嘘のように、水源も豊かな山中の風を受けながら行くのは気持ちがよかった。

多くの人々が農業に従事しており、公共の水道を持たぬ彼らにとって農業用水は、深く掘った井戸に、たくさんのバケツのついた滑車を下ろし、その滑車を牛が歩く動力で動かすことによって汲み上げた水を、用水路に流すというものだった。こんなに原始的な風景が今も当たり前に存在し、それが1、2箇所ではなくいたるところに見られたことに、深い感動を覚えた。

クンバルガルには、14世紀に建てられた、36キロに及ぶ城壁を擁する城がある。これは万里の長城に次ぐ世界で2番目に長い城壁らしい。周囲は山と川に囲まれていて、城壁こそ立派ではあるが、宮殿そのものは小さくて簡素なものだった。今まで見てきた城の中で、最も簡素でござっぱりしているあたりは、結構好きだった。そしてなによりも、城が街の中ではなく、この上なくのどかな自然の中に位置しているのがいい。

ただひとつの失敗は、マンシンが選んでくれたローカルガイドのお兄ちゃんだった。

「ディスイヤー、ファーストゲイト」今年この門になにかがあったのかと思って次の説明を待っていると、あちらも私が歩きだすのを待っている。そしてさらに進むと、

「ディスイヤー、セカンドゲイトネームド、jbshvxkwlxmllqx」どうやらThis isとHere isが一緒になってしまって、ディスヒアーがさらになまって、ディスイヤーと聞こえることがわかってきた。

「ディスイヤーサードゲイトコールドnmmklmll」と、歴史的背景については何も説明してくれないのに、誰が見ても3番目の門だと明らかなその門の名前を得意げに言ってみせるあたりで、おかしいなあと思い始めた。門の説明は「ディスイヤーセブンスゲイト」まで続き、面倒なことに、同じことを3回くらい繰り返すものだから、「3番目の門だろうが、7番目の門だろうが数えればわかることなのに、何度も繰り

返すなあ！」と喉まで出かかって、やめた。

会話の通じないマンシンにも腹を立てたことはないのに、イライラするのは、暑さのせいか、勾配がきついせいかしら？「ディスイヤー、キッチン。ドンベジ、ベジ」14世紀にはベジタリアンとノンベジタリアンのキッチンを分けていたのね！このお兄ちゃんの説明で初めて感動した。「ディスイヤー、マハラジャベッドルーム、ディスイヤーマハラニベッドルーム」歴史的な背景や、王家の物語など一切説明してくれず、ただただ、各部屋の使用目的を、ディスイヤー……。というだけで、正規のガイド料を取るつもりかしら？こんなことならガイドなんかなしで、ひとりで見て回ったほうが気楽でよかったのに!!!

インドでは、説明はうまくても詐欺まがいの嘘つきローカルガイドか、人間の表裏はないけれど、会話がほとんど成立しないローカルガイドの二極に分かれるようだ。人柄もよくてちゃんと説明をしてくれるガイドさん、どこかにいないかしら？

宿泊したアオディホテルは、自然の丘を利用して建てられた小さなホテルで、インドの混沌としたざわめきなどとは程遠い、平和で静かな場所だった。できることならいつまででも滞在したくなるくらい心地よい場所で、なんと宿泊客は私ひとりだけだった！木々が生い茂る中にあるプールを独り占めして喜んでいると、「夕食は何時になさいますか？　できれば何をお召し上がりになりたいか、おっしゃっていただけると幸いです。今夜はマハラニですね！」と、慇懃《いんぎん》なマナーで3時間も前に食事のプランを聞きに来た。

あらかじめいろいろなものを用意して無駄にされるのは私も気が進まなかったので、ビンディマサラとイエローダール、そしてキッチディーを頼んだ。それも、全て少なめに作ってもらえるように念を押した。

たったひとりのためにレストランを開けてもらって、電気を消費し、タンドールに火を入れてもらうのはなんだか申し訳なかったけれど、とても気持ちのよいサービスで、虫の音が、ノスタルジックな気分にさせる。食後は丘の上の広場に場所を移し、地元の音楽家とダンサー一家がショーを見せてくれた。各地域ごとにダンスの種類も異なり、この家族は、鉦《かね》の音がする小さなシンバルを使ってきれいに踊ってくれた。衣装や装飾品も、金をたくさんあしらった派手なものだった。

たったひとりのためにショーを行うほどパワーの要ることはないだろう。大勢の観客がいれば、自ずと場の雰囲気は盛り上がり、気分よくできただろうに、たったひとりでは、楽しんでいることを必要以上に表現しても空回りするだけなので、静かに見ているしか方法がなかった。

じつは、歌や踊りはジャイサルメールで見たサンティーたちのほうが遥かに優れていたので、どちらかというと満天の夜空のほうが気になっていた。ショーを目の前に空を見上げるわけにもいかず、流れ星をいくつも見逃したかと思うと少々落ち着かなかったけれど、それでも大きくてゆっくりと消えゆく流れ星をひとつだけ、美しいダンサーの彼方に見ることができた。

この地域は冬季でもないのに夜は冷え込む。5曲も聴いただろうか？　お互いに我慢比べのような気分になってきて、気まずかったので部屋に戻ることにした。

9月1日　土産物屋の仲介小僧再び

夜は虫の音とともに眠り、朝は鳥の鳴き声で目を覚ますと、日の光に緑がキラキラと輝いていた。

インドに来て以来いつも緊張を強《し》いられていたのに、ここでは信じられないほどの静けさにすっかりリラックスすることができた。

ヒマラヤの山の上以来の平和な場所を泣く泣く離れ、湖の都ウダイプールへ向かった。山裾の村々を通り過ぎ、朝日に照らされた田園を眺めながら、2時間ほどで噂にたがわぬ美しい都にたどり着いた。ここへ来る人のほとんどが、レイク・ピチョーラに浮かぶホテル、レイクパレスに宿泊することを目的としているらしい。私も幾多の人々と同じように、白亜のパレスに向かった。

実はこの5年間、モンスーンシーズンの降雨量が年々減少し、過去半年で湖が干上がってしまったらしい。湖に浮かぶ宮殿が自慢のレイクパレスには、宿泊客がボートではなく車で向かわざるを得なかったという。水のない湖なんて、さぞかし興ざめしたことだろう。渡し舟に乗ると、5分もしないうちにホテルへ到着する。夢のようなホテルをカメラに収めようとするとわざわざスピードを緩めてくれるあたりは、さすがに気が利いている。

インドという国は、貧しいのか、豊かなのかよくわからない国だ。先ほどまで、牛が一生懸命歩いて農業用水を地下から汲み上げている姿を見ていたのに、今度は「夏は暑いから、湖の中に宮殿を建てよ！」という王のひとことで本当に造らせてしまった白亜の宮殿の中にいる。夢と現実が混在していて、どちらが夢で現実なのかもわからなくなってくる。

さて、部屋の窓からは当然のことながら湖が見えた。揺れない船に乗っているような感じだろうか。クンバルガルの小さなホテルでも十分快適だったのに、こんなに手入れの行き届いたいい部屋に泊まるのは久しぶりで、少々緊張した。とはいっても5分もしないうちにやっぱりここが一番いいなんて思い始めるから、人間の慣れって恐ろしい。

簡単に荷を解くとマンシンとの約束時間になったので、再び船に乗って対岸へ渡った。

ローカルガイドのウマさんと一緒にウダイプールで最も大きいヒンドゥー教の寺院へ行くと、昼のセレモニーに出くわした。シヴァ神に食べ物を捧げ呼び入れるための歌を皆で歌っているところだった。

「なぜ寺院に入るとき靴を脱ぐかわかりますか?」

神の宿る場所だからじゃないのかしら?

「それだけでなく、寺院は瞑想のための場所です。ヒンドゥー教では手足からエネルギーの出納が行われると信じられていますから、靴によってエネルギーを妨げないためなのです」

なるほど。

次に向かったのはシティパレスの中の美術館で、ウダイプールの王はマハラジャよりも位の高いマハラナという称号を持っていたということを教えてもらった。ムガル帝国のアクバルをはじめその息子ジャハンギールなどが、ラジャスターン地域を手に入れるための戦略として、血を交えることを進めていった。ジョードプールのマハラジャは愛娘をアクバルに差し出したけれど、このウダイプールでは王がムガル帝国の要求に一切応じなかったという誇りを持っているらしい。

何代にもわたって増改築を繰り返した広大な宮殿はラジャスターン一だという。宮殿の4階に位置する中庭に据えられたプールには、400人もの女性がピチョーラ湖の水を運び入れ、祭りや水遊びに使われたそうだ。

そしてインドの戦国時代には、兄弟で王の座を争って、血の繋がった者を死に至らしめることも日常茶飯だったそうで、ムガル帝国の軍に混じって兄王を殺そうとした弟が、馬の足を切られて窮地に陥った兄の姿を見て心を入れ替え、自らの馬を差し出したという、物語の軌道が全て描かれた細密画もあった。

象と馬が戦争のための足だったこの時代には、馬に象の鼻を模した飾りをつけ、遠くから見ると、馬が象に見えるように工夫して敵の距離感を欺いたという。更には王も兵士たちも同じような格好で、ひげのカットまで似せて王の所在をカモフラージュしたそうな。いつの時代も戦が絶えることはないのだなあとつくづく思う。今もインドとパキスタンは国境で睨み合っており、宗教の名を利用した石油利権の争いは、そう簡単には解決しないだろう。

宮殿内では現マハラナの祖父にあたるマハラナの寝室が公開されており、ここにもひとつのドラマがあった。15歳でポリオを患ったマハラナは、生涯を通じて歩くことができなかったという。インドの街では実に多くの人々が松葉杖を突いたり、四つんばいで歩いたりしている。日本では乳児期のワクチン投与によってほとんど発症しなくなったこの病も、インドでは青年期の発症が多く見られるという。そういえば、デリーの公園で子供のために経口ワクチンを無料配布しているのを見かけた。

マハラナの寝室には、車椅子が展示してある。

「彼は生涯妻を娶りませんでした。だからシングルベッドでした。現マハラナの父に当たる人物は養子だったのです」

バスルームには、イギリスから取り寄せたという、座式のトイレが据えてあった。多くの臣民を従える王といえども、ポリオという病魔には抗《あらが》えなかったのだ。

ほかにも数ある部屋を見ているうちに背中の荷物が重くて疲れてしまったので、食事をして帰ることにした。

レイク・ピチョーラの沿岸に建つレストラン・アンブライは、レイクパレスを見渡せる位置にあるテラスレストランだった。味付けも濃すぎず薄すぎず、ちょうどよかった。特に、トマトやカリフラワーなども入ったサクサクのパコーラーがおいしかった。

ウマさんの、「通り道だから、テキスタイルや細密画のアートスクールに寄ってから帰りましょう」という魔の誘いをなんとか断ると、「それなら夕方もう一度迎えに来ますから、アートスクールは行っておいたほうが、ウダイプールの歴史の勉強になりますよ」と、どうしても連れていこうとする。

「でも、きっと何か買わされますよね？」と聞くと、「大丈夫、安いから！」と言う。

もう！　どいつもこいつも土産物屋の仲介小僧ばかりで話にならん！　要らないって言ってるだろうが！

ホテルへ帰ると、数日間続いた移動の疲れがドッと出て、スパへ駆け込んだ。静かな空間で瞑想をしながら私を待っていたのは、バワナさんというこの上なく美しい女性だった。

柔らかい笑顔と緩やかな動作を見て、一目でこの人が素晴らしい手を持っていることを確信した。予想は的中して、最初に触れられただけで、その細かく気遣いのある手に鳥肌が立った。何から何まで神経が行き届いていて、なおかつこちらがそれを負担に思わない配慮がスゴイ！

私が男性だったら、この場で求婚しただろうと思うほど、愛に溢れるマッサージだった。ひょっとすると、今まで出会ったセラピストの中で一番のホスピタリティーと、手のパワーを持っているかもしれないくらい、優れた人だった。

「私たちはヨガや瞑想、ヒーリングの要素をトリートメントに取り入れています。まず第一に、お客様を神様だと思って触れさせていただくんです」

ああ、だからあんなに優しく丁寧に触ることができるんだ。この夢のような時間を私は決して忘れないだろう。バワナさん、ありがとう。

夕暮れ時にひとりで街を歩いてみると、客引きのしつこいこと！「こんにちは」「安いよ」「お客さん、日本人？」とかなりの人々が日本語で話しかけてくる。「リキシャ？」「レイクパレス？」とうるさいので、「今日は結構ですから、次の人生で会いましょう！」と言って歩いた。

街の様相はどこもさほど変わらないらしく、土産物屋と、スナックの屋台ばかりだった。さすがにヴィンテージのきれいな刺繍入りの服には目を奪われたけれど、値段の交渉が面倒だったので、何も買わずに帰ってきた。

「安いよ！　高くないよ！」と店のひとは必死だったけれど、「次の人生でウダイプールのマハラニに生まれ変わったら、ここに来てたくさん買い物をしますよ！」と言って逃げてきた。

背後から夕日に照らされたレイクパレスは、日中見るよりも数段美しく、いつまでもボートに乗っていたかった。

9月2日　ハエに生まれ変わるなら

早朝のジェットエアウェイズでウダイプールを発《た》ち、ラジャスターンの州都ジャイプールへ向かった。空港では昨日のうちに先回りをしてくれたマンシンが待っていた。ホテルへ着いて荷を下ろすとすぐに、市内を車で回った。この1週間以上ラジャスターンを旅した中で最も大きな都市なだけあって、交通量が非常に多く、空気も汚い。「買い物をするならジャイプールが一番安いので、他ではしないように」と出発前にチャトルヴェティーさんに言われたことを思い出した。

確かに、ピンクシティーといわれる旧市街には地元の人々も普通に利用する大きなバザールがあった。王族の女性たちのために建てられたという風の宮殿もこのピンクだらけの中にあり、それ自体もピンク色をしていた。人目にさらされることを避けて暮らした王室の女性たちが、小さな窓から道行くパレードを眺めるための建物だったそうな。

旧市街を抜けてしばらく行くと、人工の湖が現れ、ウダイプールのレイクパレスのように宮殿が浮かんでいる。この当時の王たちは各シーズンごとに、また居住のため、遊興のためと、目的ごとに宮殿を建てたそうで、今でこそ観光の貴重な資源になっていて、市民を喜ばせているかもしれないが、巻き上げられた血税で、多くの人員を使って建てられたこうした宮殿は、その当時の人々にとっては迷惑なものだったのではなかろうか？

そして、更に先へ行くとアンベール城があった。アンベール城へは入らずそのままUターンして、パレスレストランへ行った。ラジャスターン料理のタリーを頼んでみたけれど、やはりビンディマサラが一番おいしかった。マンシンが、レストランにジョーティッシュの鑑定士を呼んでくれた。インドでは生まれた場所と時間から星の配置を計算して運命を知るという。それに合わせて手相や人相も見るようで、私も半信半疑ながら自分の運命を見てもらった。

まずは手相を見て言われた。

「内向的で静けさを好むでしょう。パーティーなどの人の多い場所よりも、ヨガや瞑想の時間を大切にするタイプですね。そして、30歳から35歳までの間に有名なライターになるでしょう」

静けさは、確かに好きだし、パーティーよりも瞑想の時間のほうがはるかに大事だし、稚拙ではあるが文章は書いている。しかし、有名なライターになるとはとても思えない。有名だから幸せだとも限らないしね。ひょっとしてマンシンから私の偽の素性を聞いたのかしら？　いや、マンシンと私はほとんど会話が通じないので、何も知らないはずだ。

「額にある第3の目あたりに黄色いオーラが見えます。これはあなたのスピリチュアルレベルが高いことを表しています。手相によると、27歳以降にスピリチュアルレベルが上がったと出ています。それから、あなたは複数の言語を話す能力を持つでしょう」

黄色いオーラなど私には見えないし、スピリチュアルレベル云々もよくわからない。ただ、27歳でヨガを始めたのは確かである。複数の言語ねえ。幼稚園児レベルでもよいのなら、片言の英語を話す。しかし、恥ずかしいほど滅茶苦茶なので、能力とはとても言えたものじゃない。

「あなたにとって、30歳から35歳は大きな転換期になるでしょう。結婚することもあるかもしれません」

け、結婚？　その前に相手を紹介してくれよ、ジョーティッシュの鑑定士さん！

「あなたは結婚しても、仕事を続けるでしょう。どちらかというと、ひとつの仕事に留まらず、多岐にわたって興味があるタイプだと思います」

ええ？　結婚しても仕事を続けるの？　三つ指ついて夫の帰りを出迎えるんじゃないの？　多岐にわたってねえ。まあ、ひとつだけに固執するよりは、気楽でよさそうだけれど！

「ホロスコープによると、あなたの出世時の月の位置が弱いので、それを補うために真珠を身につけるといいでしょう」

そんなこと言われなくても、真珠は一番好きなジュエリーですよ！

冷やかし半分で見てもらった結果、下調べをしてあったかのように当てはまることもあれば、眉唾《まゆつば》ものの指摘もあったけれど、多くの人々がこのジョーティッシュに頼っているというので、インドの文化の一端に触れたという、ちょっとした満足感は得られた。

「ジャイプール、ジュエリーナンバーワンね」というマンシンに連れられて、シルバーアンドアートパレスに立ち寄った。数々のアンティークジュエリーを見せられて、喉から手が出るほど欲しくなったものもあった。湾岸諸国で採れるシードパールとターコイズのコンビネーションは、１００年以上前に王族の誰かが使用していたものだという。カジュアル使いには高すぎたので、交渉を重ねるも一向に値は下がらない。

「それでは、次の人生でマハラニに生まれ変わったらもう一度ここに来て好きなだけ買います」と言うと、「次の人生にマハラニに生まれ変わるなんて誰がわかるんだい？　ハエになるかもしれないのに。だったら、今の人生を楽しんだほうがいいんじゃない？」と言われてしまった。そこで思わずハッとした。

「次の人生にハエに生まれ変わるなら、こんなに素敵なジュエリーも必要ないですね。確かに素晴らしいものかもしれませんが、どのみち死にゆく人生なのに目に見える美しさだけを追い求めていても仕方がないですから、今日は失礼します」

　これが、私の正直な答えだった。

　どうみてもコミッションを取るような人間には思えない誠実なマンシンが、「ジャイプール、パシュミナね。ジャパニーズパシュミナはオールニセモノね」日本人が喜んで買っていたあのパシュミナは、シルクや化繊との混紡で、本物は全く別のものだという。「シャトゥースも、セリングね」

　とりあえず、本物のパシュミナと、本物のシャトゥースがどんなものなのか、見に行ってみた。

　広い店内で見せられたのは、確かにフリンジがついたあのパシュミナとは全く別のものだった。見た目はもちろんのこと、肌触りが全く違う。しかし、贋物《にせもの》パシュミナに比べて著しくいいかと言われると、そうでもない。

ひょっとして、ここでも100パーセントパシュミナと言いつつ贋物を売っているのかもしれない。

「シャトゥースはありますか?」と聞くと、棚の奥に隠してあったものを見せてくれた。シャトゥースは高山に生息するアンテロープから取られる最高級品で、乱獲によって絶滅が危ぶまれるために、今では国際条約で売買が禁止されているという。ほんものかどうか知る由はなかったが、その肌触りはたしかにいい。

しかし、シャトゥース密輸でお縄を掛けられるのはごめんだし、このためだけにアンテロープを殺したとなると、なんとなく買う気にはなれない。つい最近まで毛皮のコートも喜んで着ていたのにね。

「パシュミナの間に挟むか、首に巻いていけば、税関でも問題にならないよ」

しきりに裏取引をしようとする店員に、

「インドではアヒムサーって言いますよね? 非暴力、不殺生」

アヒムサーは、マハトマ・ガンジーも提唱していたので、インド人はこの言葉に弱いらしい。ラクダのチャッパルを履きながら、人様にはアヒムサーを説く己には呆れたが、お陰で何も買わずに帰ろうとしても、無理に引き止められることはなかった。

ジャイプールは、いるだけで非常に疲れる。クンバルガルの緑が恋しい。

9月3日　すごい？　すごいでしょ？

　朝8時から、プールサイドで行われたヨガのクラスに参加した。ラム先生のもとを離れてから、かなりいい加減にしか続けていなかったので、身体が硬くなっているのがよくわかる。参加者は私ひとりだけで、シュバビヤス先生に出会った瞬間とても気持ちのよい老齢の女性だったので、職業を聞かれても、嘘を答える気になれなかった。するど、急に話がはずんで、「私のうちにはケイト・ウインスレットが泊まったのよ。ほかにもニコール・キッドマンや、ケイト・ブランシェット、ジェーン・カンピオン、ビル・クリントンが、私の母のもとを訪れたわ！　母は、ヨガの母と呼ばれていたの。去年投薬ミスのために81歳で亡くなってしまったんだけどね」と言う。

　著名人との交友関係をベラベラ話すヨガの先生というのもどうなんだろうと思いつつ、レッスンを受けてみると、とてもシンプルで簡単なものだった。年齢の割には体力があるけれど、ヨガの先生にしては、柔軟性が足りない気もした。

「私の本業は哲学と心理学の教授なの。ヨガは趣味よ。母も経済学者だったけれど、人生のほとんどをヨガとともに過ごしたわ。新聞にヨガのコラムも書いていたし、今でも母を慕う人は絶えないの。ジェーン・カンピオンは10月になったら母の一周忌のために来るのよ」

アサナはイマイチだったので、瞑想に多くの時間を割きたい旨を話すと、「それなら今晩家にいらっしゃい。瞑想は私の弟がエキスパートなの。その後食事もしていったらいいわ。ヨガの母の家よ。きっと気に入るわ」と言って、いつのまにか、シュバビヤス先生の自宅へ伺うことになってしまった。

午後にアンベール城へ行き、お決まりの象のタクシーに乗ったのはいいのだけれど、太陽がほぼ真上にある1日のなかでもかなり暑い時間帯に坂道を上るのは、いくら象といえどもしんどいらしく、象遣いのじいさんが「エイッ！」とか「コラッ！」などと言いながら鋭利な鉄棒で叩くものだから、とても気分のいいものではなかった。象さん、ごめんよ！

それにしても、ラジャスターンでの城三昧も、いい加減飽きてきたところに、物凄い暑さの中、大きすぎる声の説明を聞いていると、だんだんボーッとしてきた。

フレスコ画やムガル建築については耳にタコができるほど聞いてきただけに、かなり流して聞いていると、「私の言っている意味わかりますか？」と責めるように言われた。は、はい。「じゃあ、今何を説明しましたか？　言ってみてください」と、かなりの知識を誇りにするガイドさんが腹立たしげに言う。それも、たいして重要ではないことだったので、適当に誤魔化そうとすると、「わからないならわからないって言ってください。もっとわかりやすく説明しますから！」と怒られてしまった。

疲れてるんだから勘弁してくれよぉ！

「ジャイプールの王様は、人生のほとんどを戦場で過ごしました。でも、それ以外の時間をゆっくり楽しむために、宮殿を季節ごとに移り住みました。夏の宮殿は、外壁から霧状の水が流れ、すだれからは風が通り抜け、霧と風の相乗効果で天然のエアーコンディショナーになっていました。モンスーンシーズンの宮殿は夏のすぐあとで蒸し暑いので、ほらこのように、水が室内を流れるようになっていて、さらに風の通り道もつく涼しい空間を造りました」

すごいですねえ。マハラジャ、さすがですねえ。

「マハラニは、金銀の飾りつきの非常に重い衣装をつけていたので、数メートルしか歩けませんでした。これは、マハラニが座る車椅子で、お付きの者がこれを引っ張っていたのです。だから、宮殿内にはスロープがたくさんあるのです」

ひとりで歩けないほど重い衣装を着るなんて、なんて気の毒な人生なんだろう。冬季に灯したキャンドルが反射して温かみを感じるようにと、鏡をたくさん配した部屋を見て、アンベール城を出た。更に丘を上へと上がったジャガール城へも少し立ち寄り、屋台のアイスクリームを食べた。マサラで香りづけしたカスタードミルクにピスタチオが入ったその手作りアイスクリームは、暑さでボーッとしていた頭を冷やすのにちょうどよかった。

丘の上に据えられたものとしては世界一だという大砲を自慢げに見せられても、「さすがですね！　すごいですね！」と喜ぶのもどうかと思われ、なんだか面倒になってきたので、ホテルへ戻ることにした。

帰り際に道端で見かけたパコーラー屋さんに立ち寄ると、アメリカンドッグのような形のパコーラーがあった。チリパコーラーだというので、並んだ中から熱々の逸品を新聞紙で作った袋に入れてもらった。

車の中で食べてみると、大きめの青唐辛子にスパイスで味付けしたジャガイモとタマネギが詰め込まれていて、豆の粉と溶いた薄い衣はサクサクだった。熱さで辛味が更に増すけれど、ジャガイモの甘味が助けてくれたりもしてとてもおいしい。

このジャガイモ入りチリパコーラーは暑いラジャスターン特有のものだそうで、ジョードプールが特に有名らしい。ラジャスターン料理はどうも苦手だったけれど、これは今まで食べたインド料理の中でかなり上位に食い込んだ。これだけを食べにジョードプールへ行くのも惜しくないくらいだ。10日もラジャスターンにいながら、最後にこの旨さに気づくとは！

「なんで今まで教えてくれなかったの？」

思わずマンシンを責めると、たかがチリパコーラーごときに興奮している私を見てクスクス笑っていた。

夕暮れ時に郊外のシュバビヤス先生の自宅へ向かうと、ジャスミンが香る小さな中庭を挟んだ素敵なお家で、お手伝いさんが2名もいた。中庭の芝生に籐椅子を並べてヨガの母についての話を聞かせてくれた。

7歳からヨガを始めたヨガの母は、ロシアの医師によって強力な鎮痛剤を投与されて亡くなるまでの間、人々に多くのエネルギーを与え続けたという。彼女がヨガを教えるときは金銭を要求しなかったそうで、社会奉仕のために行っていたという。ホテルでも定期的に教えていたことから多くの著名人とも関わりを持ち、特にケイト・ウインスレットやジェーン・カンピオンは家に滞在してヨガを学んだという。

「ここが、ケイトとジェーンが泊まった部屋よ。ケイトは『タイタニック』の撮影を終えてすぐにここへ来たのよ」

見せてくれた部屋は、ハリウッドスターや、オスカー監督が泊まるにしてはずいぶん質素なものだったけれど、壁にはヨガの母が描いたという孔雀の画がかかっていて、居心地はよさそうだった。彼女たちも、ヨガという共通言語を目の前にしてはシンプルな人間でいられるのかもしれない。それにしても、著名人の話ばかりするヨガの先生ってなんだか、変だよなあ。弟のアトルさんがやってきて、シュバビヤス先生の話を継ぐ。

「ようこそ、ヨガの母の家へ。ここは私たちの母が毎日マントラを唱え、ヨガを教えた家なので、とてもエネルギーが高いんだ。私は若い頃ヨガの効果を信じていなかった。でも母のもとを訪れる著名人たちを見て、5、6年前からようやくやる気になったんだ。今でも母のエネルギーは残ってるし、多くの人々がここを訪れるよ。ビル・クリントンも母を慕っていたんだ。世界中のどこを探しても、ここほどエネルギーの高い場所は見つけられないよ」

なんだか、ここしかとか、これしかとか言われると、とても居心地のいい空間なのにもったいない。

「母が教えたヨガは、とてもシンプルで効果のあるものだよ。ヨガはエクササイズじゃない。宇宙のエネルギーと一体になるものなんだ。そして、この魑魅魍魎《ちみもうりょう》とした世界の観察者になることだよ。そうすることによって、感情の揺らぎに惑わされなくなる。今は商業的なヨガが流行しているようだけどね。パタビ・ジョイスのアシュタンガーヨガはアメリカ人には人気があるかもしれないが、パタンジャリが世界で初めて提唱したラージ・ヨガとはかけはなれている。肉体の鍛錬ももちろん必要だけど、アサナよりも重要なのはプラナヤーマと瞑想なんだ」

ここで、話を中断して、お手伝いさんの料理を見せてもらうことになった。大好きなビンディマサラを作るというので、アトルさんのアグレッシブなヨガ哲学から逃げる口実になった。

広いキッチンには、すでにいくつもの料理が用意され、スパイスがたくさんあった。ビンディマサラの材料も整っており、その作り方をしっかりと見せてもらった。

中華鍋にひまわり油を熱して、クミンシードを入れると、いい香りが漂う。そこに、適当に切ったオクラを加えて炒める。全体に油が回ったところで、蓋をして火が通るのを待ち、チリパウダーとコリアンダーパウダー、グリーンマンゴーパウダー、塩、コショウを好みで加えて出来上がり！　よそではタマネギやトマトも入っていたけれど、これも好みで加えるといいらしい。

「どう？　ここは、いいでしょう？　何か感じる？　世界中のどこにもこんなにエネルギーのいい場所はないでしょう？　感想を聞かせて！　リシケシュでもこんなにいい場所はないし、いい指導者もいないはずだよ」

いや、確かにいいところだけれど、リシケシュにもいい先生はいましたよ。ラム先生の話こそしなかったものの、シヴァナンダアシュラムにいい先生がいたと言うと、

「母はスワミ・シヴァナンダから直接ヨガを習ったんだ。でも今いい指導者がいるという話は聞かないね」と言われてしまった。

「ところで、君はなんていう映画に出たの？」

いや、そんなインドの方がご覧になるほど有名ではないので。

「何本ぐらい出た？」

まあ、ぼちぼちです。

「脇役？　それとも主役？」

いや、ぼちぼちです。

「せっかくだからケイトみたいに1週間でも2週間でも家に泊まって行きなさい」

木々に囲まれた庭と満天の星空はとても魅力的で泊まってみたいのは山々だけれど、明日デリーに戻らなくては。

「何もそんなに急ぐことはない。ジェーン・カンピオンも娘と一緒に泊まったんだから」

いや、誰が泊まったかはあまり関係なくて、レーへ行く飛行機を予約してしまったので……。

「私たちは、自分たちの稼いだ分をアシュラムのために貯金してあるんだ。インドの本物のヨガをより多くの人々に広めたくてね。だから、君のような女優が泊まれるプライベートでデラックスなスイートも作って、いつでも来られるようにするよ。ケイトもニコールもみんな来るだろうね」

私は、ケイトさんやニコールさんのようなスーパースターとはちがって、ぼちぼちなんですが……。

「私たちは無償で寄付を募るわけじゃないんだ。一度寄付をすれば、いつ来てもいいんだ。そのかわり、君がいない間はほかの人を泊めて宿泊料を請求できる。そうすることによって、貧しい村の女性たちにヨガを学ぶ機会を与えたいんだ。特に女性にね。彼女たちが最もヨガを必要としているはずだから」

今日ここに呼ばれた趣旨は寄付だったのだろうか？　考えようによっては貧しい田舎の女性たちこそ、誰にも教えられずしてヨガ的な暮らしを送っているようにも見えるのだが……。

朝は日の出とともに起き、質素な食事だけで一日中働き、日没とともに床に就き、自然と交わりながら人生の意味を知るのは、わざわざアシュラムに行くよりもよほど素晴らしい生き方だと思うけれど……。

しかし、新聞の記事によると、ある地域では衛生的でない環境で多くの疫病が発生し、特に免疫のできていない子供たちが死に至ったり、重い後遺症に悩まされているというのも事実だった。

ここで話を中断してプラナヤーマを行った。横たわって腹式呼吸を10分ほど続け、さらに親指の先と人差し指の先をつけて腹式呼吸を10分、次に親指の付け根に人差し指の先をつけて10分間腹式呼吸を行った。声による誘導は各シークエンスの初めだけで、あとは放っておいてくれたため深いリラックスを味わったところまではよかったのに、

「どうだった？　何を感じた？　今すごくリラックスしてるでしょう？　顔に艶《つや》が出たよ。保湿クリームを塗ったみたいだ！　こっちに来て自分の顔を鏡で見てごらん！　ほら、ね？　こんなプラナヤーマはどこでも味わえないよ。どんな指導者も知らないんだ。こんなにシンプルな方法を。初めてでしょう？　こんなにリラックスしたのは。どうなの？　感想は？　この伝統的なヨガを続ければストレスから解放されて、成功を収めることができるし、有名になってお金も入ってくるようになるよ」

と、その効果を強調されると、興醒《きょうざ》めしてしまう。私の底意地が悪いからなのだろうか？　有名であることやお金があることと、幸せはイコールではないと思うのだけれど。ヨガの先生にそんなことを言われるとは思わなかった。

そうですね！　スゴイですね！　さすがですね！　とわざわざ言わなくても無言でその効果を確認し合えたラム先生の指導が懐かしい。それでも、深いリラックスの中にいたものだから、眉間にシワがよることもなく、冷静にアトルさんの言動を観察することができた。

恐らく亡くなったヨガの母は、聞きしに勝る素晴らしい人物だったのだろう。しかし、多くの聖人たちと同じように、先人の栄光にすがろうとする後継者が本来の純粋な姿を歪《ゆが》めつつあるのは残念だ。

庭にテーブルをセッティングするのも料理を並べるのもお手伝いさんの仕事で、手伝おうとすると「彼らの仕事だからいいの」と遮られた。インドでは人口が溢れ、失業者もたくさんいることから、彼らの暮らしを助けるために雇っているのだという。

そう言われてみると、彼らの仕事を奪うことにもなるし、もてなす側の好意を無駄にすることにもなるので、私がやたらに手を出してはいけないのは当然だった。

テーブルに並んだのは、イエローダール、アルーゴビー、ビンディマサラ、ナスの辛いカレーだった。どれも油控えめで味付けも薄味だったので、旅に疲れた日本人にはとてもありがたい。焼きたてのチャパティーもお店で食べるよりずっとおいしかった。

ところが、「君がインド料理の本を出版したければ、私たちのもう一人の姉と共著にするといい。彼女は素晴らしい料理人だからね。日本にインド料理を紹介するいい機会になる。きっとインド料理の店はないだろうからね。もちろんパーセンテージは払うよ」と始まった。

インド料理の店はたくさんありますよ！　本を書いていることなど何も話していないのに、出版の話が持ち上がった。お姉さんがインド料理の本を出版なさるなら、私は何もする必要がないと思うのですが。

「だから、君が訳して君のプロデュースで出版すればいい」

いや、そう言われても、翻訳なんてできないし、お姉さんが出版するのにどうして私が口を挟むのでしょうか？

「だから、パーセンテージをあげるんだよ」

いや、私は日々の糧には困らず、雨風もしのぐことができるうえ、時々こうして旅行もできるくらいは働いているので、お姉さんの出版物でお金をいただくなんてとんでもございません。しかも、今日出会ったばかりなんですが……。

「レストランを開くなら、姉が力を貸してもいい」

レ、レストランですか？　レストランを開くゆとりなんてないです。

「何も本気でやらなくてもいいんだ。映画業界の人をたくさん招いて、インド料理とヨガのフェスティバルを開いてもいい。我々も1週間から10日くらい日本に滞在して、このインド古来のヨガを教えてもいいよ」

映画業界の人を招いて？　映画業界の人を大勢招くことができるほど人脈はありません。

「じゃあ、映画の撮影前に毎日1時間、全員でヨガをやるっていうのはどう？　ジェーン・カンピオンの契約書には、始業前のヨガが含まれるんだよ！」

いや、日本の映画界には、ジェーン・カンピオンのように始業前にヨガをやろうなんていう監督はいませんし、ニコール・キッドマンやケイト・ウインスレットがいるようなハリウッドとは違って、貧しいものなのですよ。5分の時間すら惜しんで撮影しているのに、毎朝ヨガだなんて。個人的にはそのほうが仕事の効率がよいとは思いますが、人々は「そんな悠長なことをしてる暇があったら30分でも多く眠りたい！」と言うでしょう。

「じゃあ、テレビのトークショーでヨガについて話してもいいし、レギュラー番組を持ってもいい。ラジオや雑誌、なんでもいいよ。私が新聞に毎週書いているコラムを日本語版にして出版してもいい」

あの、私にはそこまでの人脈も権力もないです。それに、ヨガは日本でも多くの人が取り組んでいるので、無理して広めなくても大丈夫だと思います。

「だから、日本で流行っているのは、商業的なヨガでしょう？　私たちはヨガの母から直接習った伝統的なヨガを教えることができるんだ」

それで私に日本とのパイプ役になれと？　私はそんな器ではないですよ。もっとバイタリティーに溢れるインテリジェントな方をお探しになったほうが……。

「そうか。じゃあ、こういうのはどう？　もし君が、インドの有名なシタール奏者と仕事をしたいなら、私がアレンジするよ。ライクーダと一緒にグラミー賞をとった人物だ。親しい人だから、君のためにプロジェクトを組もう。もちろんパーセンテージは払う」

いや、お金の問題ではなくて……。私は、日本のささやかな女優ですので、そんなグラミー賞とか、そういったものとは無縁でして、できれば、このままささやかに仕事をしたいのですが……。

「ミキ、成功することは悪いことじゃない。お金も大事だ。なんで私がこんな話をするかというと、全てアシュラムのためなんだ。まずは土地を買わなくてはいけない。それにはお金が必要だ。わかるだろう？　母の残してくれた貴重な遺産はヨガという知識なんだ。私たちはこれを残さなければいけない」

うーん、果たしてヨガの母は豪華なアシュラム建造を望んだだろうか？　きっとそうではない気がするけれど。田舎の女性たちにヨガを広めるのが目的ならば、アシュラムのように隔離された施設ではなく、人々が日常的に集まる井戸の周りでの青空ヨガのほうが、時間がつくりやすい気もする。

その後も、なぜかインドのテキスタイルをたくさん見せられ、安いからとか、ジェーン・カンピオンは友達のお土産にたくさん買っていったと言って、危うく綿入りベストを買わされそうになった。ヨガの先生の家に来てテキスタイルを買うなんて、まるで友達の家に誘われて行ってみたら、マルチ商法の説明会だったのと同じようなものである。ああ、危ない危ない。

そろそろ帰ろうかというときに、「瞑想を目的に来たんだから、1時間瞑想しよう！」と言われてしまい、確かに瞑想を目的に来たので、断りきれず、それでも疲れていて調子が悪いからというのを口実に時間を短縮してもらった。

「まず目を閉じて、あなたの周りにあるもの全てを許しなさい。たとえ嫌いな人物でも許しなさい。この世界に存在する全てのものに慈悲の心を抱きなさい」

荒々しい声と強引な話し方ながら、とてもいいことを言ってくれた。先ほどまでの商業モードも許しなさいということね！　心の中で、アトルさんのヨガ哲学と矛盾する行いも許した。そして、各チャクラに共鳴するマントラを唱え始めた。

「ラムー♪」

同じように繰り返してみたけれど、天井で回るファンの音でアトルさんの耳には聞こえなかったらしく、「ミキ、もっと大きな声でぇ！　ラムー♪」

そうして、ハムー♪ウランムー♪シャムー♪とマントラを言い進めるごとに、体内で共鳴する位置が上がっていき、最後のオーム♪は頭のてっぺんに響いた。物凄く心地よく静かな気持ちになったけれど、終わるとすぐに言われた。

「どうだった？　誰もこんなことは教えてくれないよ。また顔が輝いてるよ。保湿クリームを塗ったみたいだ。こうやって美と健康を手に入れるんだ。今まで味わったことがないでしょう？　こんな気持ち。今、もしかして、急に笑いたくなったり、泣きたくなったりするでしょう？　だから、この伝統的な方法でなければいけないんだ。今まで君が出会ったヨガの方法は忘れなさい」

身体に響いたマントラの余韻を味わう暇もなく矢継ぎ早に感想を聞かれるのは、辛い。しかも、今までのヨガの方法を全て忘れなさいだなんて、そんなことまで言わなくてもいいのに。ラム先生はどんな方法でもいいと言っていた。ダライラマも、「あなたがユダヤ人ならユダヤ教を信じなさい。あなたがイスラム教徒なら無理して仏教徒になる必要はありません」と言っていた。

アトルさんの誘導による瞑想の効果は見事に発揮され、アトルさん自身の心が落ち着いていないことが手に取るようにわかってしまい、そんな姿を哀れみを持って見ているという皮肉な結果となった。

素晴らしい瞑想法を教えてくれた人たちについて疑いの気持ちを抱くのはとても残念だけれど、ヨガにはいろいろな側面があるのだというしい勉強になった。今後も連絡を取ろうとか、いつでも泊まりにいらっしゃいと言ってくれたけれど、私からはこれ以上近づかないだろう。もし本当に縁があるなら、どこかでまた出会うはずなのだから。

9月4日　長い旅のお礼

11日間にわたるラジャスターンの旅がやっと終わる。車で何時間もかけて移動する日々が続くのは生まれて初めてだったので、非常に体力を消耗した。ローカルガイドや店の店員との駆け引きにもとても疲れた。できればすぐにでも東京へ帰りたい。

朝食後すぐにシティパレスの美術館へ向かい、テキスタイルや宝飾品などを見てまわった。ラジャスターンの絢爛豪華な品々も見飽きて、かなりいい加減に見た。武器の展示コーナーは各城で十分見たので入る気にもならず、広いパレス内をうろうろしていると、またしてもテキスタイル屋さんがあった。

ほんの少し覗いてみると、探していた手刺繍の白いチュニックがあったので、早速交渉に入った。インドではシルクと同じくらいコットンの生産も有名で、手刺繍が入るとそれなりの値段を提示される。

なんとか頑張って安くしてもらうと、「せっかくだから本物のパシュミナも見ていったら？」とお決まりの追加セールストークが始まった。よそで十分見たからいいですと断るも、「君が見たのは、１００パーセントでも質の悪いものだと思うよ。うちのを触ってみたらわかると思うけど」

そう言って広げたパシュミナは確かに肌触りがいい。本物だと称して売られているものにも明らかにランクの差があるのを知って、ホトホトいやになった。どれだけの観光客が彼らの餌食《えじき》になったことだろう？　そしてどれだけの人々がファッション業界の発信する画一的な情報に煽られて流行を追いかけ、生産コストの何十倍もの料金を払ってまで自分を表面的に飾り立てることに終始しているのだろう？　私自身もそのひとりだし、買う人がいなければ技術が廃《すた》れて、経済も回らなくなるのだろうけれど……。

煮えきらぬ思いでジャイプールの街を後にした。最後のメッチカパコーラー（チリパコーラー）を買うのは忘れなかったけれど。

さすが、ラジャスターンの州都とデリーを結ぶとあって、この数日間たどってきた道のいずこよりも楽な道だった。ひたすらまっすぐ進むこと5時間でデリーへ到着した。

生後7ヶ月の子供を抱えたマンシンは、さぞかしホッとしたことだろう。長い旅のお礼に、ささやかではあったがチップを渡すと、とても嬉しそうにはにかんでいた。

明日はレーへと最後の旅に出る。早く、帰りたい。

9月5日　最後の最後に高山病になる

朝4時30分にホテルを出発し、国内線の空港へ向かった。

早朝にもかかわらず、チェックインカウンターは人でごった返していた。搭乗時刻が迫っているというのに、なかなか列が進まず不安になってきた頃に、「レーへ出発する人！」という声がかかり、前へと進むことができた。しかし、いざチェックインカウンターで私の席を探してもらうと、「この便に乗るには遅すぎます。明日出なおしてください」と言われてしまった。つまり、搭乗手続きが遅すぎたと。

しかし、高度3000メートル以上のレーへ行くのに明日の出発では、高山病で何もできないまま帰ってくることになる可能性もある。今日出発できれば、一日の休憩を取り、かろうじてゴンパ巡りができるという予定なのだ。どうしても、飛びたい。

「実はオーバーブッキングで席がないんです。明日また来てください」

ええ？　オーバーブッキングですって？　しかし、隣のカウンターでもレー行きの乗客が搭乗手続きをしていたので、様子を見ていると、あちらはすんなりとボーディングパスを手に入れたようだった。何かがおかしいと思い、手配してくれたチャトルヴェティーさんに電話をすると、そんなはずはないという。

「お客様は、空港に到着するのが遅すぎました。オーバーブッキングだったので、もう席はありません」

空港に到着するのが遅くても、席の数と搭乗者の数が合っていれば、席はひとつ残っているはずなのに、オーバーブッキングが当たり前のように言われると腹立たしい。

「これは、政府も法的に認めていることなのです。予約をしても当日現れないお客様もいるので、あらかじめ多めに予約を取っておくのです。あいにく今日は全員空港に来てしまったので、お客様の席はありません。無料で明日の便に振り替えます」

はあ？　政府がオーバーブッキングを認めている？　そんなひどい話があるだろうか？　無料で振り替えるのは当然だし、ごめんなさいのひとこともない。日頃の瞑想の効果も空しく、はらわたが煮えくり返り、「ホテルもガイドも予約して、4日後には日本に帰らなくてはいけないのに、明日の出発じゃ、高山病で何もできないですよ。もし乗れなかったら、訴えます！」とまで言ってしまった。言いながらも、ああ、なんて心が狭いんだ私はと後悔したが、旅の疲れがピークに達していた上寝不足だったので、自分を制することができなかった。

そこへチャトルヴェティーさんから電話があった。

「今、ジェットエアウェイズの本社と話をしたら、席はあるって言っています。実は、当初キャンセル待ちだったので、ミキさんの名前で2枚チケットを取ってあるんです。1枚はキャンセル待ちのもので、1枚はギリギリになって発行してもらったものなんですが、ミキさんが持ってるのが、キャンセル待ちのチケットかもしれないので、チェックインカウンターの職員に電話を代わってください」

言われたとおりに電話を代わろうとすると、

「私たちは、目の前にいるお客様以外の誰とも会話をすることを許されていません。特に旅行代理店の方と直接話すことは禁じられています」

と言って取り合ってくれない。

私の名前で2枚チケットがあることを話したが、それも信じてくれないようだった。誠意のない対応にうんざりして帰ろうとしたその瞬間、私の予約チケットを持ってうろうろしていた女性が、機械からボーディングパスを取り出して私の元へ来た。本社から連絡がいったらしく、チャトルヴェティーさんの言うとおり、席が確保されたのだった。

先ほどまでのしかめっ面も急に笑顔になって「ありがとうございます」とお礼を言った。それでもあちらからは謝罪の言葉はなかった。まあ、訴えるなんて脅かしちゃったから当然かしら？

空港職員に促されるまま、急いでセキュリティーチェックを受け、裏に回って預けた荷物の確認をすると、最後の登場客を待つバスに乗り込んだ。

機内では、サンフランシスコから来た、レーへは何度も足を運んでいるという夫婦に出会った。「3泊4日じゃ、全然足りないわね。1週間くらい滞在できるといいんだけど」という彼らは、2週間の滞在だという。

「いい？　今日は絶対に無理しちゃ駄目よ。高山病の症状は多かれ少なかれ出るはずだから。水をたくさん、それも嫌っていうほどたくさん飲んで、よく眠ること。午後に少しくらい町を歩いてみてもいいかもしれないけど、ゆっくり歩くといいわ。そうでなければ、呼吸困難を起こす可能性もあるから」

1時間のフライトはあっという間だったけれど、着陸間際に頭痛が始まった。まだ外の空気に触れていないため、疲れからくる偏頭痛だろうとやり過ごすことにした。着陸後ロビーに着くなり、ラダックの民族衣装に身を包んだ女性が、カタックと呼ばれる白いスカーフ状の布を首にかけてくれた。ハワイにおける歓迎のレイみたいなものだろうか？

国内線での到着にもかかわらず、外国人登録の書類への記入が義務づけられていた。

関係が緊迫するパキスタンや中国との国境地域だからなのだろう。

荷物を受け取り、外へ出ると、乾いた空気が喉に痛かった。ヒマラヤもいろいろで、ガルワールのような木々で覆われた地域もあれば、青い空に乾いた鋭利な峰々が聳え立つラダック地方のような場所もある。早速迎えの車に乗り込み、ホテルへ向かった。オマシラホテルは市街の中心地から徒歩で15分ほどの場所にある、きれいな庭のある簡素なホテルだった。スタッフも家族的な雰囲気で感じがいい。

「あなたはラッキーだね」

地元旅行会社の社長ワンチュクさん曰く。ダライラマが滞在中で、今日が説法の最終日だという。ラダック地方にはチベット文化がかなり入り込んでおり、インドの地域とは全く異なる様相をしている。ダライラマもこの地が好きで毎年必ず訪れるそうで、今回は2週間も滞在し、3日間にわたる説法を行っている最中なのだとか。

「午前中はゆっくり寝たほうがいいわよ」という機内での忠告を無視して、ダライラマが説法を行っているという寺院へ向かった。車中ではペットボトルの水を飲みながら、具合の悪さに横たわりウトウトしていると、車がどこかに停車し、女性が乗り込んできたようだった。面倒だったので目を閉じたまま、目的地への到着を待った。

寺のある広大な屋外広場に到着すると、ワンチュクさんが「私の妻です」と、先ほど乗り込んできた女性を紹介してくれた。

すでに説法が始まっていた青空広場には、5000人以上の人々が日除けのための傘をさして座っていた。ぬかるんだ斜面を下り、その中に近づいていくと、ここは本当にインドなのだろうか？　と疑いたくなるほど、我々日本人にそっくりな顔をした人々ばかりだった。

その服装も、黒や海老茶《えびちゃ》色のロングコートにショッキングピンク、ターコイズブルーなどのサッシュベルトを締めたラダック地方の民族衣装や、チャイナ服の変形したようなものに横縞のエプロンをつけたチベットの民族衣装など、高山の砂漠地帯に映える美しい配色で、見るひと全てに目を奪われた。

年配の女性の多くはかなり長い髪をおさげにして、2本の三つ編みを後ろでしばり、ターコイズとサンゴを組み合わせたネックレスをコートの上から下げていて、とてもおしゃれだ。

男性たちも黒や海老茶色のコートにピンクやグリーンのサッシュベルトを締めていてとてもかわいらしい。

ところが、全員ではないものの、かなり多くの人がサングラスをかけて涼しい気温のわりに強すぎる日差しを避けており、足元を見ると、スニーカーや西洋風のサンダルを履いている。日本人が着物にサングラスをかけ、足元にはミュールを履いているのを想像して、ぞっとした。それでも、ラダックの民族衣装はコートなので、ダウンベストやスニーカーが全く合わないわけではないのだけれど、若い女の子たちが、西洋の旅行者の影響か、髪を染めているのは残念だ。

とはいえ、日差しの強さに赤茶色に焼けた頬の色は、幾多の写真で見るよりも美しかったし、洋服文化が浸透してしまった日本に比べれば、遥かに伝統色が残っている。

ダライラマの説法はチベット語で行われ、ラダック語の通訳がついていた。ゴザやヨガマットのようなシートに座り、家族ぐるみで、数種類のカレーにチャパティーのお弁当をひろげている人までいる。チベット解放運動のスタッフと思われる女性たちが配って歩いていたピンク色がかったお茶は、バター茶だろうか？

日本で説法を聞きに行ったときは、高座を用意されながらも、普通のパイプ椅子を所望したダライラマの姿に感動したし、人々は敬意を払って静粛に話を聴いていた。ジンガロの公演でチベットギュトゥー派の僧侶たちが読経を唱えたときには、パフォーマンスがどんなに素晴らしくても、僧侶たちへ敬意を払い、拍手を慎むようにとのアナウンスがあった。

ところが、ここでは、自由に立ったり座ったりしながら、何箇所か設置されている井戸で水を汲み、友人との会話を楽しみ、堂々と弁当箱を広げて食事までしている人々がいる。その間もダライラマの説法は続いている。

そんなゆるい雰囲気のお陰で、私も青空の下で昼寝をすることができた。日差しは刺すように熱く、頭から被ったストールに手も隠さずには眠れないほどだったけれど、何を話しているのか全くわからないダライラマの説法を聞きながら眠ると、頭痛が少しずつ和らいでいくようだった。

時折、あのうなるような読経が聴こえる度に目を覚まし、水を口に含んでは、法話に耳を傾けまた目を閉じた。こんなに礼を欠いた聴衆で申し訳ないけれど、高山病のリスク下では、休まずにはいられなかったのである。

最後の読経中には、人々がぞろぞろと立ち上がり、ダライラマの帰り道にわれ先にと近づこうとする者もいれば、そそくさと帰っていく者もいた。我々は混雑を避けてその場に残り、ワンチュクさんの奥さんが持ってきてくれたパンを食べた。

ほとんどの時間を寝て過ごし、聴いたところで全く意味がわからないなりにも、ダライラマの来訪に居合わせたのは貴重な体験だったのだろうか？

人の波が少なくなり始めた頃に車に乗り込むと、ワンチュクさんの知り合いらしきラダック衣装の女性たちが窓を叩く。乗せてくれということらしく、後部座席には4

人の女性が乗り込んできた。

彼女たちの声は一様に甲高《かんだか》く、頭痛持ちには辛かったけれど、ラダックのバター飴をもらって嬉しくなった。口に含んでみると、甘味はなく、多少の酸味と、牛ではない動物のミルクのキツい臭いがした。恐らくヤギかヤクだろう。日本人にとっては慣れない味で、おいしくはなかったけれど、まあいいか。

ホテルへ帰ると、チベットのトゥクパ（スープヌードル）が食べたくなって、チベタンキッチンまでタクシーで向かった。細い通り沿いのホテルに入っているその店は、西洋人の客で賑わっていた。同じジャンムー・カシミール州のシュリナガール産りんごジュースで喉の渇きを癒し、野菜たっぷりの、さっぱりとしたトゥクパを食べるうちに、頭痛は消えてしまった。

せっかくなのでホテルへの帰り道を歩いてみることにした。しかし、困ったことに、チベタンマーケットなるものが開催中で、祈りのためのベルや、サンゴとターコイズのアクセサリーのほか、気になるものがいくつもあった。そのほかにも、チベットのアンティークや、ラダック衣装などを扱う店を通り過ぎる度に覗いてみたけれど、どれもこれも見ごたえがあった。日本人と同じような顔をしたラダック人やチベット人が身に着けるものが似合わないはずもなく、欲しくなるのをなんとか抑えた。

1時間くらい見て回っただろうか。頭痛は治ったはずなのに、どうも頭がクラクラして、息切れもする。たいして動いてはいないはずなのに、ホテルへの距離がやけに長く感じられた。いよいよ高山病だろうか？　脈拍を診ると、徒歩にしては考えられないくらい速かったので、深呼吸をしながら、ゆっくり帰った。

ホテルのマネージャーに症状を話すとやはり高山病だと言われ、リラックスするためにマッサージを頼むことにした。水を大量に飲みながら横になってマッサージ師さんを待っていた。

カメラの充電を試みたけれど停電のようで、ホテルのスタッフ曰く、「7時頃にならないと電気は使えないよ。町が人で溢れる時間帯は町の電気が有効で、ホテルに人が帰る時間帯はホテルの電気が有効になって、町の明かりは消えるんだ」とのことで、限られた電力をみんなで分け合っているようだ。そんなわけで、日本への電話などもちろん通じない。

万が一、高山病が悪化して死ぬ間際に窮状を訴えようにもその手段がないわけだ。

1時間ほどでようやく現れたマッサージ師さんはずいぶん若い女の子だった。

英語もほとんど通じないながら、彼女が15歳で単身赴任していることがわかった。マッサージの間中話を聞いてみると、幼くして父親を亡くし、3人の姉は嫁いで遠くに暮らすという。母親が明日心臓の手術をするけれど、貧しくてその費用が払えず、姉たちの誰一人としてデリーの病院を見舞える者はいないのだとか。弟も、アシュラムに滞在して勉強中とのことで、ジョティーと名乗る彼女がひとりで母親の医療費を稼がなくてはいけないらしい。ところが、マッサージをしても料金の半分はホテルに、半分は経営者のもとにいくため、彼女はチップだけで暮らしているという。学校へ通ったこともなく、マッサージだけはなんとか習って3ヶ月前にレーへ来たという。15歳にしてその腕はかなりのもので、慣れない英語も外国人と接するなかで学んでいる最中で、何とかして母親の医療費を払わなくては病院から追い出されるかもしれないそうだ。

明日手術だというのに4000ルピー（1万2000円）の費用が払えないという彼女たちの現状は、日本での暮らしからは考えられないくらい悲惨なものだった。医者もあまり腕がいいとは言いがたく、明日の心臓の手術がなんとか成功するように断食をして祈りを捧げているという彼女を、放っておくわけにはいかなかった。たった4000ルピーで心臓の手術ができるというのも驚きだったけれど、それすら払えない人々がいるのだった。

心地よいマッサージを終えると、彼女と一緒にタクシーに乗り町へ出た。この国でチップを渡す度に、相手に失礼なのではないかという気持ちと、いや、相手はこれを期待しているという気持ちが交錯して、複雑な心境でいたけれど、窮状に追い込まれた彼女には助けが必要だと確信して、ATMへ向かい現金を手に入れると、彼女に渡した。その瞬間感じた4000ルピーの重みは、彼女が感じたのと同じだったような気がする。彼女は「マーム、ありがとう！　本当にありがとう！」と言って私を抱きしめ、私もそれに応えた。手術が成功して、彼女の断食が解禁になることを心から祈るばかりであった。

町の明かりはすでに消え、薄暗闇の中を歩いて帰ると、先ほどにも増して息切れがして、頭もボーッとする。道行く人はほとんどいなくなり、夜道の一人歩きを恐れて急いだせいか、高山病が悪化しつつあるらしい。蠟燭《ろうそく》を灯した通りの店からは冷やかしの声が上がり始めた。ゆっくり歩いても20分少々の道なのに、こんなに恐ろしく、苦しいのは初めてだ。足はどんどん重く感じられるようになり、一歩を踏み出すことすら骨が折れた。いよいよ直立姿勢では足が前に出なくなりつつあり、身体を前方に傾斜させ、つんのめるようにして無理やり歩みを進める。

途中で西洋人の夫婦が同じ道に合流したので、極力離れないように歩くのだけれど、彼らのペースに追いつこうとすると、呼吸が著しく乱れる。視界もあやふやになってきて、大袈裟ながら、このまま死んでしまうのではないかと思った。やがて、真っ暗闇になってしまった道の突き当たりにホテルの看板が見えたときには、フルマラソンを完走したかのような感慨だった。

ロビーの椅子にドカッと倒れ込むと、「歩いて帰ってきたの？」とホテルのマネージャーが驚いていた。「今日あなたは休むべきだったのに、動きすぎだよ。なんてこった！　早く部屋で寝たほうがいい。水を飲むのを忘れないように」と叱られた。部屋に戻ると、浴びるように水を飲み、腹式呼吸で心拍数を整えるうちに昏睡した。

電話の鳴る音で目を覚ますと、夜の9時だという。「食事はどうしますか？」との問いかけに、具合が悪いので何か適当に運んでくれるように頼んだ。食事が届くまでの間も深い眠りに落ち、激しくドアを叩く音が聞こえたけれど、起き上がれずに寝ていると、ガチャリとドアが開いて女性が入ってきた。チェーンロックはなく、ノブの真ん中のボタンを押し込むタイプの鍵しかないため、勝手に開錠したのだろうか？　食事を運んでくれたのはいいけれど、なんだか物騒だ。

食事どころの気分ではなかったけれど、何も食べないのもよくないと思い、重い身体を引きずるように起き上がり、味わうゆとりもなく、無理してチャパティーとカレーを食べ、すぐにまた眠りについた。

途中で誰かが入って来て食器を下げる音が聞こえたけれど、それに反応する力もなかった。何時頃だろう？　夜中に喉が渇いて目が覚めた。日本の冬季以上に乾燥するのは、この地方の特徴なのか高山病の症状なのか、見分けがつかなかった。再び水を飲むと、ペットボトルを抱えて寝た。寝ている間中ずっと悪夢を見続け、金縛りに遭い、喉も渇き、胃の痛みも感じた。寝苦しいなか何時間寝ても寝足りない感じが続いていた。

北インド最後の旅でこんな目に遭うとはなんということだろう。自分の体力を過信したのがバカだった。

9月6日　あ〜、愛しの酸素ボンベ

夜明け前にドンドンドンドンドン！　と激しくドアを叩く音が聞こえた。

「グッドモーニング！　グッドモーニング！」

遠方のゴンパやパンゴンという高地の湖へ向かう人たちを起こすモーニングノックだった。こちらが寝ているのなんてお構いなしだからびっくりする。その後何度も目が覚めては眠るという繰り返しだった。雲ひとつない外の日差しは早朝から強く、とても眩しくて眠っていられないのだけれど、身体はまだ寝たいといっていた。

10時には迎えの車が来ることになっている。果たして出かける力などあるだろうか？　頭の鈍痛と眩暈は続き、吐き気を催した。風邪の症状と極めて似ていて、頭と身体が火照《ほて》って熱いのに、足だけは冷えている。

OSHMAN'Sで簡易の酸素ボンベを見かけたときには、こんなところまで来るとは思わず、「きっと、エベレストの登頂を目指すようなハードボイルドな人が買うのね！」と他人事《ひとごと》のように見ていたのを思い出す。何であの時に買っておかなかったのだろうと、不備が悔やまれる。

8時半頃になって、朝食はどうするのか？　という電話がレセプションから入った。階下へ下りる気力もなく、チャイを頼んで寝ていると、ノックと同時にドアが開いた。またしてもチベット人の女の子が勝手に入ってきたのである。ドアノブのボタンを押して内側から鍵をかけてくれるように頼むと、その鍵は有効でないという。どうりで勝手に入ってくるわけだ。無理してチャイを飲むと、再び吐き気を催した。これでは観光どころではないかもしれない。

それでも約束の10時には、フラフラする頭をなんとか働かせて支度をした。よろけながら階段を下りる私を見て、「あなたは、昨日歩きすぎたから、今日は休んだほうがいいでしょう」とマネージャーが言う。ロビーに居合わせたインド人の女性も、「昨日着いたばかりなら、今日は観光なんて無理よ！」と言う。

BBCの番組制作に携わっているという彼女は何度もレーを訪れているようで、私の状況をよく理解していた。彼女が見せてくれた写真の数々はとても美しく、特にパンゴンの湖は絶景だった。

「明日行けばいいじゃない」と言うけれど、あと2日しかないのだ。この調子では、パンゴンのような高地へはとても行けない。せいぜいゴンパを1、2箇所訪れることができれば幸いだろう。迎えに来たガイドさんにも状況を話して引き取ってもらった。

それにしても、とてつもなく具合が悪い。今頃心臓の手術をしているジョティーのお母さんに比べれば、状況は遥かに明るいが、それでもせっかくレーまで来て寝たきりでは立つ瀬がない。ダライラマの説法を聞きながら昼寝をしたのが悪かったのかしら？

一日中ゴロゴロして過ごし、昼にはトゥクパを運んでもらった。もう勝手に部屋に入られても気にならなくなっていた。依然として吐き気は続き、微熱も頭の鈍痛も治らない。久しぶりの寝たきりの生活は、当然辛いものだけれど、少々うんざりしていた観光をサボる口実にもなって嬉しくもあった。手術は順調に進んでいるだろうか？そのことだけが気になっていた。

午後になって、再びノックとともに部屋のドアが開いた。停電中のホテルで唯一電源の取れるレセプションで充電を頼んでいたパソコンを持ってきてくれたのは、このホテルのマネージャーだった。男性でも勝手に部屋に入るとは。まあ、いい人だから許そう。チェーンロックや、プライバシータグくらい用意してほしいものだけれど、ここは高度3000メートルのヒマラヤ山中だ。便利な都会の日常と同じことを求めても仕方がないのだ。

「まだ具合が悪いなら、夜になって電気が通ったら、酸素吸入マシーンを持ってくるよ」

なんだ、そんな便利なものがあるならもっと早く言ってくれ！

夕暮れ後、暗くなった室内でウトウトしていると、ノックもなしにいきなりガチャリとドアが開き、マネージャーが酸素吸入器を設置してくれた。いよいよ、勝手知ったる他人の部屋というわけだ。彼がやたらと大きな変圧器にアダプターを差し込み、スイッチを入れると、水がゴボゴボと泡立ち始め、酸素が噴き出すグリーンのマスクを口にあてがわれた。

初めのうちはほんのわずかだった酸素も、次第に供給量が増え、大きく呼吸をする度に、頭がクリアになっていった。酸素を思う存分に得られる安心感と腹式呼吸により再び睡魔が襲ってきて、深い眠りに落ちた。

9月7日　最後の夜

目覚めてすぐに体調を確認すると、昨日より遥かによくなっていた。酸素吸入マシーンの効果は著しく、残るは心臓の痛みと背中の痛み、食欲不振くらいで、車で移動する分には問題はなさそうだった。顔を合わせるたびに体調を気遣ってくれる親切なホテルのスタッフにはとても感謝している。

さて、せっかくこの地へ来たからには、ゴンパのひとつくらい見ておきたいと、バナナを1本だけ食べると迎えの車に乗り込んだ。本来ならば、早朝に出発して、チベット僧の読経を聞くことのできるティクセゴンパへ行きたかったけれど、そこまでの気力も体力もなく、車で2時間ほどのリキール村にあるリキルゴンパへ向かうことになった。岩山の中をインダス河に沿って進む沿道のいたるところに軍のキャンプがあった。

ラダック地方では、文民の人口よりも兵士の人口のほうが遥かに多いといい、すれ違うトラックもほとんどが軍用車だった。大地はとても乾燥していて、真っ青な空から降り注ぐ太陽の照り返しがきつい。車の中でもストールを被らずにはいられないほどだ。それでも、潔いくらいに何もない山肌ときれいな青い空、そして悠々と流れるインダス河は目に新しく、飽きることがなかった。

途中でガイドのチョンベルさんが、「ここはマグネティックロードです」と言い、車を停車した。非常に磁気の強い場所なのだという。「試しに実験してみましょう」と言って運転手さんがギアーをニュートラルにすると、エンジンを切ったままでも勝手に車が前進したのだった！　因みに車は古いランドクルーザーで、とても簡単に動くような代物ではなかったけれど、本当に大地の力だけで動いてしまったのだった。ああ、不思議！

その後も同じような景色がしばらく続き、対向車がいつ現れるとも知れぬ、今にも崩れ落ちそうな崖っぷちのうねり道や、舗装されていながらも揺れの激しい道を、転倒しても不思議でないほどのスピードで進むと、緑に囲まれた小さな村が現れた。ヒマラヤの雪解け水が流れてくるゆえか、砂漠地帯においても農業も盛んに行われているようだった。

そしてここでも女性たちはラダック衣装に身を包んだまま農作業や道路工事に携わっていた。日本の女性たちも綿や紬《つむぎ》の着物で農作業をしていたことを思えばうなずける話なのだけれど、きれいな衣装で肉体労働をしている姿は、実際に見るとかなりインパクトが強い。

村の中心地に当たるらしい場所で休憩をとることになり、長屋のように連なった食堂のテラスに腰掛けると、ほとんどがチベット料理の店だった。そういえば、ラダックとチベットの人々の違いはどこにあるのだろうか？　顔だけ見ると、ほとんど同じであまり見分けがつかない。

チョンベルさん曰く。

「実は私もチベットで生まれましたが、幼少の頃デラドンに移り住みました。チベットはご存じのとおり中国の侵略下にありますから、私たちは皆難民です。このラダックにも多くのチベット人が住んでいますが、歴史をたどるとラダック地方の最初の王はチベット人でしたから、我々は同じ民族だということがわかります。地形も気候も文化も酷似しています。ラダック語はチベットの文字を使っていますし、我々が食べるのと同じトゥクパやモモを食べます。信仰する宗教も共にチベット仏教ですから、ほとんど差異はないと言ってもいいでしょう」

「チベットに帰りたいですか？」

「当然ですよ！　でもね、侵略されたのは決して中国だけのせいではないんですよ。我々チベット人も宗教にばかり専念していて対外政策を重要視していなかった。どちらにも非があるわけです」

そういう考え方もあったんだ……。

食事をするにはまだ時間が早かったので、りんごジュースを飲むに留まったが、念のためトイレに行こうとすると、「あまりきれいじゃないけれどいいですか？」とチョンベルさんが申し訳なさそうに言う。店の裏道に促され、後をついていくと、すでにアンモニア臭がぷーんと漂い、ひとりの男性が壁に向かって立小便をしていた。

壁の前には他にもいくつか用を足した痕跡があり、臭いの源は繰り返し行われる壁際の立小便のようだった。

10メートルほど続いたその壁の切れ目を指して「ここから入ってください」とチョンベルさんに言われるままに、壁の向こう側へ一歩足を踏み入れると、自分の目を疑いたくなるような光景が広がっていた。

なんと、青空の下、壁一枚で仕切った空間の砂の上には、様々な色の排泄物《はいせつぶつ》が点々としていたのである！　こ、こんなところで用を足せというのだろうか？

こんなにもたくさんのモノが一堂に会するのを見たのは生まれて初めてだったので、これは、保健所のサンプルか？　いや、これがラダック式トイレなのだ！　いや、これはラダック式ではなくて、インドの田舎のトイレなのだ！　いや……と逡巡《しゅんじゅん》していると、「その奥にふたつ部屋があります」と壁の向こうからチョンベルさんの声がする。

確かに視線を上げてみると、ドアがふたつある。恐る恐る覗いて見ると、もっと恐ろしいことに、畳にして2畳ほどのスペースの真ん中に、メロンをふたつ並べたくらいの大きさの穴がかろうじて掘ってあり、その周りには、更に多くのモノが、所狭しと転がっていたのである！　黄色や茶褐色、黒、緑と、パシュミナショール屋さんもびっくりのコレクションである。

そして、忘れがたきはモノの数と同じくらい転がっていた空のペットボトルで、恐らくインド式を守って各々が水を持参でここへやってくるのだろう。そういえば、つい先ほど、屋根まで乗客でいっぱいのローカルバスが出発したばかりだった。どうりで、まだ新鮮な？　モノがたくさんあるわけだ。

いや、しかし、インドの人々の大胆さには本当に、なんというか、ええと、うーん、臭い！　病み上がりの神経にはこの手の事柄はとてもショッキングであり、同時にもうどうでもいいという気持ちでもあり、ああ、それでどうしたかって？　それは、とても、言えません。

「これは、すごいものを見てしまいました。いい経験になりました」と言うと、「そうかもしれませんね……」と、チョンベルさんが苦笑いしていた。

村を抜けると、再び雲ひとつない青空と岩山の中の曲がりくねった道をただひたすら進んで、リキール村へ向かった。

リキール村にもヒマラヤの雪解け水が流れ入っており、一点の汚濁もないその清水に口をつけてみると、クセのないただの水の味がした。飲み込んでみて初めて、後味のないすっきりしたこの水が、とてつもなくおいしいものだったのだと気づく。水道水も危ぶまれるこの時代に、何十年、いや、ひょっとすると何百年前とも知れぬ雪のしずくをこうしていただくのは、なんて贅沢なことなのかしら！　持っていたペットボトルにヒマラヤの天然水を詰めて、小高い丘の上に立つゴンパを訪れた。

この僧院は14世紀に、当時のラダック王がチベット僧に土地を与えて造らせたものだそうで、白壁の簡素な造りに飾り窓がついた建物が連なっている。現在でもダライラマの属するゲルグ派の修道僧がいるそうだが、観光客の多い時期には集中を妨げられるので、ゴンパから離れたテントや洞穴で修行を続けるため、建物の管理を任された数名の僧が敷地内にいるだけだった。

高山病がよくなったとはいえ、まだ全快ではない私を気遣って、「ゆっくり上ってください。無理はしないように」とチョンベルさんに促されて、小さな階段を一歩一歩休みながら上った先で入ったゴンパ内部は、外側から見た簡素さとは異なり、守り神のカラフルな画が壁に施され、仏像や捧げ物なども色彩豊かであった。

僧たちが毎日祈りを捧げるときに纏う黄色い僧服が各自の席に脱いであり、抜け殻となった僧服を数えると、20人分くらいはあっただろうか？

こんな高い山の更に小高い丘の上に籠って、欲を絶ち、祈りを捧げ続けるなんて、私にはできないだろうなあ。

「さっきあなたが言っていたとおり、ゴンパが必ず丘の上にあるのは、世俗の人々と交わらないためです。人が身に着けているいい服や装飾品に目が眩んだり、女性と接触したりしないためなのです」と、チョンベルさんが言う。

壁際のガラス戸の中には何千もの仏教書籍が並んでいた。

「チベット仏教には8万4000冊もの書籍があります。基本となるものは仏典ですが、その他にもお釈迦様の言葉を解説する形で書かれたものや、より深い解釈を求めて書かれたものなどです」

そんなにたくさんの本を全部読めというのだろうか？

「いえいえ、全部を網羅することは不可能ですから、簡略版があります。それでも、物凄い量にはなりますが」

このリキルゴンパの特徴は、こうした祈りを捧げるスペースのほかにも、最上階に古い仏教美術の展示室があることだった。

再び、一歩一歩慎重に階段を上ると、タンカと呼ばれる仏教画の掛け軸がたくさん並んでいる。悪魔を追い払うために物凄い形相をした守り神の画は、神というより、そのもの自体悪魔のような様相をしている。

「いいですか？　仏教では私たちの魂は死んでから49日目に次の身体に宿るか、涅槃といって天国に行くかが決まります。このときに審判を下し、次へと誘導する役割の神々は皆こうした恐ろしい形相をしています。魔物を寄せつけないためです。しかし、魔物たちは優しい顔をして地獄へ誘うのです。私たちは魂となってから、本当の神と魔物とを見間違えないように、こうして寺院へ来るのです。壁画や掛け軸もそのためにあるのです」

へえ、そうなんだ。曼荼羅《まんだら》の掛け軸もたくさんあり、どれも似たり寄ったりに見える。

「これらは、全て異なる意味を持っています。真ん中の小さい画が弥勒菩薩《みろくぼさつ》だったり、ブッダだったり、その周りを取り囲む守り神が何かによっても、この曼荼羅が何か区別できます」

仏教に精通しているわけではないので、更に詳しい説明を聞いてもあまりよくわからなかったけれど、顔料が老朽化して、いい感じに落ち着いた曼荼羅は美しかった。階下には瞑想のための部屋がもうひとつあり、観光に来ていた他の西洋人たちに混じって瞑想の真似事などもしてみた。外は、射るような強い日差しでも、ひとたび室内に入ると暗く涼しい。修行僧たちにとっては、集中するのにうってつけの場所なのだろう。

敷地内には、最近になって建てられた金の弥勒菩薩像がある。金があまりにも新しすぎて少々照れくさい感じは否めないが、まあいいか。

太陽は真上にあり、数歩進むだけでも汗が滲む中、車へと向かった。レーへの道を戻ってしばらくすると、バスゴゴンパにたどり着いた。世界遺産にも登録されているというこのゴンパは、泥レンガで作られた無骨なゴンパで、建造当時は城塞もあったというが、今は崩れて見る影もない。いたるところに泥レンガがゴロゴロと転がっており、倒壊の危機にある建物を修復している最中であった。青空に聳え立つ泥レンガの建物はヘタウマな感じがとてもかわいらしく、子供が浜辺に建てた砂の城のようだった。

敷地内にあるふたつのゴンパのうち古いほうは、親子2代にわたって建てられた僧院だそうで、天井から突き出しそうなほど大きな弥勒菩薩像があった。古く埃っぽい室内には、一年中灯しっぱなしだというバターランプもある。村の住民がランプ用のバターを寄贈するのだという。

バスゴゴンパには二人の僧が生活しているだけで、掃除や食事などの面でも村の人々が助けているという。僧の寝起きする部屋の外に、アプリコットの種が大量に捨ててあったので、二人でこんなにたくさん食べたのだろうかと思いきや、「これは種をつぶしてエッセンシャルオイルを作るんですよ。村の人々もこのアプリコットオイルづくりを手伝います」とチョンベルさんが教えてくれた。

そういえば、アプリコットオイルは肌にいいからと、フェイシャルトリートメントに使っているエステもあった気がする。

もうひとつの建物は、亡くなった寺院の創始者を記念して息子の僧が建てたというゴンパで、こちらにも同じように大きな弥勒菩薩像があった。暑さと酸素不足で息切れぎみのため、帰ろうとすると、こちらの僧が途中まで乗せていってくれとのことで、ジュレーと言って一緒に車に乗り込んだ。

先ほどの、恐ろしいトイレのあった休憩所で僧は降り、私たちは昼食を摂ることになった。ベジタリアントゥクパを頼むと、5分もしないうちに出てきた。昨日トゥクパを食べた後に嘔吐した苦い記憶もあったが、今日こそは大丈夫だろうとスープを含んだ途端、やはり吐き気がした。胃の調子とは関係なく、1ヶ月以上絶っていた肉の臭いがしたからであった。恐らくスープを取るのに山羊の肉片を使ったか、チョンベルさんが頼んだノンベジタリアンのトゥクパも一緒に調理したか、いずれにせよ、久しく口にしていなかった肉の臭みは耐え難いものだった。

大変申し訳なかったが、チョンベルさんに二人分食べてもらい、私はバナナのみを食べることにした。このまま肉の食べられない人間になるのだろうか？　食べずにすむなら、これほど健康によいことはないので構わないけれど、日本では完全ベジタリアンの選択肢は狭く、難しいだろうなあ。しかも、ベジタリアンとしての趣旨が、インドの影響と、吐き気がするからっていうのも、情けないしなあ。

そうそう、ベジタリアンは周囲の人々に宣言する必要があるっていうのも面倒だ。野菜だけを選り好みして、あとは残すというのは失礼だから、「私はベジタリアンなので……」とあらかじめ断りを入れる。すると、「どうして？」とか、「おいしいのに」とか「たんぱく質が不足するよ」とか、口に出さずとも「あの人、バカじゃないの？」と思われたりもする。

別に他人にどう思われようと構わないが、いずれにしてもベジタリアンを全うするのは少々面倒だ。まあ、日本に戻って1週間もすれば食べられるようになるかもしれないけれど……。

さて、羊の肉入りトゥクパをおいしそうに食べたチョンベルさんと、バナナ1本でお腹をいっぱいにした私は車に乗り込み、レーへ帰ることにした。往路より明らかに運転が荒くなり、体の揺れも激しい中、疲れ果てて寝てしまった。今にも滑落しそうな崖っぷち街道を恐れるまでもなく熟睡していたけれど、無事に宿に着いたのは幸運だった。

日暮れまでもう少々あったので、先日昼食を摂ったチベタンキッチンのはす向かいにあったチベットアーツで暇つぶしをすることに。チベット難民の経営するこの店には、ハンドメイドのシルバーアクセサリーが所狭しと並べてあり、オールドターコイズを使用したものやサンゴとシルバーを組み合わせたものなど、オリジナルの素敵な商品がたくさんあった。

客を欺いたりしないタイプに見える、正直そうなオーナーと、本当にいいものを手頃な価格で買おうと集まる客との間で、フレンドリーな交渉がなされる。

散々迷った挙句、オールドターコイズとアンティークサンゴの組み合わせでネックレスを購入した。ターコイズは色が鮮やかすぎて自分には決して似合わないと信じていたものだったけれど、少々くたびれた色のターコイズは、控えめでサンゴとの相性もよくとても素敵だった。他にも大ぶりの素敵なアクセサリーはあったけれど、それらはきっとまた別の旅人が買っていくのだろう。

店を出て歩き始めた途端、「ハイ!」と近づいてくる女の子がいた。顔をよく見ると、先日マッサージをしてくれたジョティーだった。「お母さんの手術は? どうだった? うまくいったの?」と聞くと、「大丈夫! うまくいったの!」と言う。しかし、お金がないため入院が許されず、術後すぐに退院して家にいるという。それでも、ジョティーは心から嬉しそうだった。願掛けの断食も解いたのだろうか? 顔色が心なしかよくなっていた気がする。一日も早くお母さんの心臓が完治しますように。

今宵がインドで眠る最後の夜になる。星は山々の頂のギリギリまで輝いており、空はとても明るかった。当然ながらインドにも天の川があった。身体は究極に疲れている。もう限界だ。早く家に帰りたい。

9月8日　日本に帰ろう！

朝5時に部屋のドアが激しく叩かれ、インド最後の1日が始まった。チベット人のかわいらしい女の子が運んでくれたチャイを飲んでから、支度をして部屋を出た。レセプションでは、夜明け前だというのにマネージャーとスタッフたちが待っていた。

「もう身体は大丈夫ですか？」

気遣ってくれたマネージャーに心からお礼を言う。

滞在中に飲んだミネラルウォーターの料金を請求し忘れていたようだったので自己申告すると、慌てて明細を探していた。こうしたのんびり感がたまらなくいい。このホテルの人々には本当に助けられた。無理を冒して高山病になる宿泊客のために酸素吸入器を用意してあったことも、大変ありがたかった。たった3泊だけなのに1ヶ月以上滞在したかのような感慨がある。

「ジュレー」

最後の挨拶をして出発しようとすると、「ジュレー」と言って、カタック（歓迎の白い布）をかけてくれた。その瞬間、思いもよらず涙が滲んだのを慌てて乾かした。ああ、本当に私は帰っていくのだ。またいつかこの地を踏むときには必ずオマシラホテルへ来るだろう。

空港ではいくつかの団体客が押し合いへし合いしていて、正当に順番待ちをしてもはじき出された。どのみち同じ飛行機に乗るのに、何もそんなに焦らなくてもいいのにと思っていると、「ごめんなさいね。私たち旅行に慣れてなくて。皆同じグループだから、はぐれると大変なの」ということだった。

ようやくたどり着いたチェックインカウンターでは、同じく団体のボスらしき人の次が空いていたので、並ぼうとすると、「今からたくさん荷物が来るからあっちへ行って！」と隣のカウンターを指差す。隣に並んだところで、荷物の秤《はかり》は双方でひとつしかなく、結局、登山の団体さん30名ほどが荷物を量り終わるまで待たされることとなった。

いずれにしても同じ飛行機に乗るのだから、待つのは構わないけれど、自然を愛する登山家のはずなのにレディーファーストもできなければ、30名のためにたった一人を待たせることなどお構いなしなのが可笑《おか》しかった。きっと大変な思いをしてお疲れだったのね！

さて、30名分の荷物が通り過ぎるのを見届けると、自分のチェックインをお願いした。すると、どういうわけか、「少々お待ちください」と言う。これはもしかして、またオーバーブッキングだろうか？　今日中にデリーへ戻れないと、日本への国際線をも逃すことになる。まあ、レーでの滞在が延びるのはほんのちょっとだけ嬉しくもあるのだが、やはり疲れているから、帰りたい。

「もうしばらくお待ちください」とカウンターの男性が右往左往した挙句、「お客様の席をビジネスクラスに振り替えさせていただきます」

ええ？　ビジネスクラス？　やはりまたオーバーブッキングだったのかしら？

「差額分は請求いたしませんので、ビジネスへ変更でよろしいですね？」

ジェットエアウェイズのミスによって、エコノミーの料金でビジネス席へアップグレードとなって、喜んだのはいうまでもない。なんて、幸運なんだ！

飛行機までのシャトルバスに乗るのにも、団体さんは押し合いへし合いわれ先にと、出口へ向かっていた。長蛇の列に並ぶのも面倒だったので、列の最後を待って、じっと座っていると、ほんの数名が同じように混雑を避けて座っていた。その中に、きれいにプレスされたシャツを着た白髪のインド人男性がいた。背筋がぴんと伸びて紳士的なその姿はとても魅力的だった。

シャトルバスへ乗るために最後列につくと、白髪の紳士は道を譲ってくれたりもして、先ほどは西洋人の男性ですらレディーファーストを忘れていたのに、インドの男性にさりげなく道を譲ってもらってご機嫌だった。

機内では、キャロルという精神分析医と乗り合わせた。彼女は3週間、レーの一般家庭に滞在してこの地方の文化を体験したという。

「この地方の人々は心根がやさしくていいわね。私が滞在した家庭では親子3代にわたって毎朝祈りを捧げていたわ。ダライラマの公演を聴きに行ったとき、彼が貧しき者たちに親切にしなさいって言ったのね。ちょうど私の滞在した家庭の目の前がバングラデシュからの移民でとても貧しかったの。彼らは自らの家庭菜園から野菜を分けたりしていたわ」

ダライラマの説法をどうやって理解したのだろうか？

「外国人用のセクションがあって、通訳がいたわ。でもおかしいわね。公演が終わった後あの広場を掃除していたのは、不可触民だったのよ。仏教徒の集まりでもヒンドゥー教の被差別階級が掃除をしているんだから、変な感じ」

確かにものすごい矛盾を抱えたインドらしい光景である。キャロルは神を信じるのだろうか？

「私は正直言って信じていないし、彼らの言う輪廻転生もあり得ないと思うわ。万に一つ輪廻転生が存在したとしても、今この人生を楽しみたいわ。でも精神分析医としては、彼らの祈りの習慣が大脳に刻み込まれて太い回路を作っていく過程には、とても興味があったわ」

それは、私がこの国へ来て以来ずっと考えていたことに少し似ていて、祈りのもたらすものは、神の実在不在にかかわらず、人間の大脳レベルでポジティブな回路を作るにはとても有益だということだった。人々が目に見えない神の代わりに偶像を崇拝することについても、わかりやすい形での象徴が人々には必要なのだとようやくわかるようになってきた。

まあ、宗教なんて、人間が築きあげたものだから、いずれの宗教も正しき道を指し示しているのだろうし、その反面、いずれの宗教も欠陥や矛盾を抱えていると思う。それでも、信じることで人が幸せになれるなら大いに活用すべきだと思うし、その選択は個人の自由だと思う。

「ラダック地方の暮らしぶりは、私の住んでいるコロラドとは全く異なるものだけど、興味深かったわ。私の職業柄、地理的な特徴よりも、人間の考え方や暮らし方のほうに惹かれてしまうの。ついつい観察してしまうのね」

そういえば、ヨガでは全てにおいて観察者であるようにと説いている。キャロルは自分自身についても完全な観察者であり続けるのだろうか？　感情が高ぶったり、イライラしたりしないのだろうか？

「もちろんあるわよ、そういうことも。私の場合、ネガティブなエネルギーとともに留まってしまうクセがあるから、よくないの。仕事については、アルコール依存症や、ドメスティックバイオレンスとは関わらないことに決めているけれどね」

キャロルはアメリカ人なのに、ものごとを白黒はっきりさせるタイプではなく、割り切れない事柄にも興味を示すタイプのようだった。

「あなたは日本に帰ったら禅に関わる？」

特別に禅寺を訪れようという予定はないし、依然として無宗教だけれど、ヴィッパサナ瞑想には少しだけ興味がある。茶道では禅語についても学ぶという話をすると、大変興味を示すので、浅薄な知識しか持ち合わせていないなりにも、たった1杯のお茶のために、亭主と客が心を尽くして空間を作り上げるという話をすると、とても喜んでいた。

「あなたをコロラドに連れて帰りたいわ。私の息子たちにも会わせたいし」

キャロルの被験者として、私が適当だったということなのか、息子の嫁候補ということなのかは定かではないが、とにかくコロラドの自宅に滞在するようにと強く誘われ、住所もいただいた。恐らく、私が彼女の元を訪れることはないけれど、いい出会いだったと、思う。

デリーでは、ババラト・パレスというホテルで休憩を取り、昼食をご馳走《ちそう》するというチャトルヴェティーさんのお誘いを丁重にお断りして、ひとりで日本食レストランへ向かった。

焼きナス、もずく酢、オクラ納豆、揚げ出し豆腐にごはんとお味噌汁は、前回と全く同じメニューなのに、数倍おいしく感じる。カレー三昧の挙句に高山病で思うように食事ができなかったものだから、久しぶりの日本食は涙が出そうなほど嬉しかった。

食後荷物をまとめると、最後の挨拶がてらチャトルヴェティーさんの事務所へ立ち寄った。恐らく今回最後になるであろうチャイを飲みながら、高山病で大変だった話などで盛り上がり、またインドへ来ることを約束して空港へ向かった。

日本へ帰る飛行機の中で、日本政府の政策でインドの環境改善に協力しているという男性と知り合った。

「デリーはね、数年前に比べるとだいぶきれいになったでしょう?」

今回が初めてなので比べる対象を知らないが、確かにニューデリーはきれいなところもあったが、オールドデリーなどはやはり汚いと思った。

「ニューデリーでは道で放し飼いになっていた牛を1箇所に集めたんですね。糞も垂れ流しで汚かったから」

牛を神様の乗り物だというヒンドゥー教徒から反発されなかったのだろうか？

「結局ね、牛が道を歩いていて事故に遭うことも多かったから、1箇所に収容したほうが牛のためにもいいっていうことで、人々も賛成してるんですね」

牛のいないインドというと、拍子抜けした感じも否めないが、ジョードプールの城塞内に牛がいなかったのは、素直に喜べた。

「今プラスチックバッグ禁止なんてキャンペーンをやっているでしょう？ ごみがすごいからね。あれはね、牛が食べて具合悪くしたことに端を発してるんだけれども、なかなか改善されないね」

確かに街中でそのような看板を何度も見た。

「インドの環境問題を語るには、カースト制度なしには無理なんですね。なぜかというとね、バラモン、クシャトリア、ヴァイシャ、スードラの4つのうちいずれの階級にも入れない最下層の不可触民が、不浄なものを扱うとされているでしょう。道で掃除している人、それからトイレの掃除をしている人ね。ああしたことは、カーストの上の人間がするわけにいかないと。法的にはカーストは廃止されましたが、名前でわかってしまうから、依然としてそうした差別は続いています」

ええ、確かに。

「つまり、カーストの上の人間にしてみれば、ごみを片づけたり掃除したりという習慣がないわけです。全部あいつらにやらせればいいじゃないかと。中産階級でも家に召使いがいることが多いですからね。ごみ問題なんて知らぬ存ぜぬですよ。だから、いくら日本が手助けをしたところで、インド人自身の意識が変わらない限り、環境は良くならないわけです。彼らは軍事費に巨額を投入するかわりに環境問題にもっと予算を割くべきなんですが、これがまたパキスタンとの関係で、そうはいかないと言うでしょう?」

核兵器なんか作っている場合じゃないよ、インド政府さん!

「環境だけじゃなくてね、インドの人口、今公称で11億って言われてますが、実際にはもっといるでしょう。中国をいずれ追い抜くかもしれない。そうすると、今まではほとんど自給自足できていたんだけれども、いずれ輸入に頼らざるを得なくなる。中国とインドだけで、地球の食料がなくなっちゃうかもしれないね」

生態系を乱さずに人間と地球が共存できる世界人口は500人だと、どこかで聞きかじったことがある。今や地球人口は60億に手が届こうとしている。これだけの人間が限られた資源と共存していくこと自体、到底無理な話なのかもしれない。日本国内では少子化問題が騒がれてはいるものの、地球レベルで考えると、人口は増えすぎてパンク寸前なのだ。極論を言うなら、このまま日本人が絶滅して他の国の人々のために土地を明け渡してもいいのかもしれない。そんなことを言ったら殺されるかもしれないが。

「そうねえ、そういう方法もあるかもしれないね。いずれにしても、あと200年もしないうちに地球は滅びるかもしれないからね。まず食料と水がなくなりますよ。地球上の水の0・02パーセントがかろうじて飲める水で、あとは塩水ですからね。アフリカなんか行ったって、深く掘れば水も出るんだけれども、みんな塩水なんですよ。そのままじゃ飲めないもんね」

地球が滅びるって普通におっしゃいますが、本当なの?

「疫学って、数字で全てを割り出す学問の先生に言わせると、13億の中国人が1日1個卵を食べるだけで、何羽の鶏が必要かって、その鶏に食べさせる餌はどれだけ必要かっていう計算が始まるのね。そうすると、中国人を太らせちゃいけないっていう極端な話もあるぐらいでね。このままでは地球は滅びるしかないんだよね」

インドや中国で農業をもっと盛んに行うとか。

「しかし、あれだね、日本がインドの人々の意識を変えようなんて、傲慢なことだね。気候が温暖な場所の人間はなかなか働こうとしないもんね。彼らにしてみれば、乞食でもお腹が空いたらジャングルに入ってマンゴーやパパイヤを食べてればいいんだから、わざわざ働く必要がないもんね。家なんかなくたって、雪国と違って外で寝ても死にはしないしね。文化人類学者の中根千枝先生って有名な方がいるんだけれども、この先生曰くね、日本が資金を援助してインドで農業拡大事業を行ったときによく実ってね、成功したんだけれども、3年後に同じ場所に行ってみたら、何もなかったって。3年間、日本のみなさんのお陰で贅沢させてもらってありがとうございましたってお礼を言われたっていう話があるんだって。お金なんかあればあっただけ使っちゃうんだね。それでもう働こうとしない。南国の人間はどこでも皆同じだね。だから、そう簡単には変わらないよ」

地球が滅びるとわかっていて、さらにインドの人々が変わらないとわかっていて、環境改善事業に携わっているモチベーションはどこにあるのだろう？

「長期的に見ると、絶望的になっちゃうけれどね、短いスパンではまだまだ改善の余地があるからね、なんとかやっていこうと思えるんだろうね」

多くの人々が運命に逆らって、この地球を存続させようと奮闘している一方で、抗しがたい絶望が我々の未来を覆っているのもまた事実である。

文明によって全てを手中に入れ、人間が神と名づけたものに近づき、宇宙の法則をコントロールしようとするのが人間の性であり、それによって自らの首を絞めるのもまた人間の性なのかもしれない。

私などが考えてもどうしようもない問題に思いをめぐらせていたがために、眠る機会を逸してしまい、お陰で出くわした見事な日の出は、忘れがたいものだった。

いよいよ日本が近づいている。

早く、帰りたい。

協力　NETWORK TRANS TRAVEL INDIA PVT.LTD
7.NDMC Suvidha Market,Netaji Nagar,
New Delhi-110 023
TEL：91-11-26882376,91-11-24679613
URL：http://www.networktravelindia.com/

この作品は書き下ろしです。原稿枚数538枚（400字詰め）。

幻冬舎文庫

●好評既刊
ガンジス河でバタフライ
たかのてるこ

極端な小心者だからこそ、五感をフルに稼動させて、現地の人とグッと仲良くなっていく。ハチャメチャな行動力とみずみずしい感性が大反響を呼んだ、てるこの爆笑紀行エッセイ第一弾。

●好評既刊
サハラ砂漠の王子さま
たかのてるこ

次々と襲いかかってくる髭面《ひげづら》の男たち。サハラ砂漠の独立独歩横断。連続して迫り来る貞操と生命の危機！　たかのてるこの痛快ハチャメチャ紀行エッセイ、ヨーロッパ&サハラ砂漠編。

●好評既刊
モロッコで断食《ラマダーン》
たかのてるこ

モロッコを旅するうちに、ある日突然始まった摩訶不思議なイベント〝断食《ラマダーン》〟。空腹のまま彷徨《さまよ》い続けた後に辿り着いたのは、心優しきベルベル人の村だった——。愛と笑い溢れる断食紀行エッセイ！

●好評既刊
またたび東方見聞録
群ようこ

女四人で連日四十度の酷暑のタイ、編集者たちと深〜い上海、母親孝行京都旅行で呉服の「踊り買い」……。暑くて、美味くて、妖しくて、深い。いろんなアジアてんこもりの、紀行エッセイ。

●好評既刊
東洋ごろごろ膝栗毛
群ようこ

食中毒に温泉大開脚、大人の旅を満喫(!?)した台湾旅行。アリ、サソリ、象の鼻に熊の前足……中国四大料理を制覇した北京旅行。食、習慣、風俗、全てにびっくりのアジア紀行エッセイ。

インド旅《りょ》行《こう》記《き》 1

北《きた》インド編《へん》

中谷《なかたに》美紀《みき》

平成18年8月5日　初版発行
令和3年4月30日　24版発行

発行人——石原正康
編集人——菊地朱雅子
発行所——株式会社幻冬舎
〒151-0051東京都渋谷区千駄ヶ谷4-9-7
電話　03(5411)6222(営業)
　　　03(5411)6211(編集)
振替00120-8-767643
印刷・製本—図書印刷株式会社
装丁者——高橋雅之

幻冬舎文庫

ISBN4-344-40833-0　C0195　　な-20-1

幻冬舎ホームページアドレス　https://www.gentosha.co.jp/
この本に関するご意見・ご感想をメールでお寄せいただく場合は、
comment@gentosha.co.jpまで。